www.tredition.de

AF202977

Robert Langer,
Christine Reichmann

Mensch
Hund
und

www.tredition.de

Verlag: tredition GmbH, Hamburg

ISBN
Paperback: 978-3-7345-2104-1
e-Book: 978-3-7345-2390-8

Printed in Germany

Robert Langer wurde im Rheinland geboren. Viele Jahre arbeitete er als Fußballtrainer und Übungsleiter. Schon immer zog ihn das klare Wesen von Tieren – insbesondere von Hunden und Wölfen – an. So war es für ihn nur logisch, dass er mit den Jahren Schritt für Schritt den Sport verließ und sich Tieren zuwendete. Als Hundetrainer und Tierrechtler unterstützt er Tierheime, Tierschutzorganisationen und Tierschutzinitiativen. Seine Schwerpunkte sind große Hundegruppen, Menschen mit Jagd- und/oder Tierschutzhunden, Igel in Not, Pelztierfarmen, veganes Leben.

Christine Reichmann wurde im Rheinland geboren. Die Politikwissenschaftlerin arbeitet als freie Journalistin, Texterin und Autorin unter anderem für Rundfunk, Tageszeitungen, Agenturen und Unternehmen. Ihre Hündinnen Emmy und Juli brachten sie dazu, in die Welt der Caniden einzutauchen. Hier liegen ihr die Themen Jagd- und Tierschutzhunde, große Hundegruppen, die Bedeutung des Hundes in unserer Gesellschaft sowie das vegane Leben am Herzen.

Einbandabbildung & Einbandentwurf:
Christian Reichmann,
die Reichmanns Kommunikation, Frechen
www.die-reichmanns.de

Titelmotiv:
Christians Hündin Pauline

WER GEWALT ANWENDET ODER LEHRT, IST UNTER MILLIONEN VON SEELEN DIE KLEINSTE.

INHALT

DIE SINNE

ARZT & ABSCHIED

HINSEHEN & HANDELN

MEHR ERFAHREN

ZU „MENSCH HUND UND".

Ein spannender Weg

Als ich 2013 den Entschluss fasste, ein Buch über den artgerechten Umgang mit Hunden zu schreiben, war mir nicht klar, welch langer Weg vor mir liegen würde. Meist erfüllte mich das Schreiben mit Freude. Aber es gab auch Momente, in denen das Buch für mich zur Bürde wurde. Und so gönnte ich mir eine Pause vom Schreiben, um danach mit frischem Kopf und gespitzter Feder weiterzumachen. Jeder, der schon einmal geschrieben hat, weiß, wovon ich „spreche". Schreiben ist eben – neben aller Kreativität – auch eine große Fleißarbeit.

Und diese Fleißarbeit wäre ohne die lieben Menschen in meinem nächsten Umfeld nicht möglich gewesen. Euch allen vielen Dank und „sorry" wenn ich euch hier und da genervt habe. Besonders möchte ich Claudia und Alicia danken, die dieses Buchprojekt kritisch und wertschätzend unterstützt haben.

Richtig professionell wurde das Unternehmen „ich schreibe mein erstes Buch" als Christine Reichmann ins Team kam. Eine kreative, erfahrene Autorin und Journalistin, die dieses Buchprojekt auf ein Level gestellt hat, das ich allein nie hätte erreichen können.

So war es gemeinsam nur noch ein kurzer Weg, über das Schreiben die Initiative „Mensch Hund und" zu gründen und mit dem dazugehörigen Blog **www.mensch-hund-und.de** weiter zu machen.

Auch das nächste Buchprojekt ist schon in der Startphase.

Was wären wir Tierrechtler ohne unsere vierbeinigen Freunde, die wir beobachten dürfen und die uns soviel beibringen. Euch allen und euren Menschen vielen Dank.

Besonders möchte ich mich bei meinem ständigen Begleiter Lupo und seinen und meinen Freunden Denny, Paula, Charlie, Juli, Kajun, Emma, Face, Mina, Pluto, Yanis, Roberta, Frida, Pia, Coco, Karlos, Kira, Kenia, Josy, Mia, Pino, Jordy, Milou, Roxy, Foxy, Sam, Billy, Freddy, Fee, Clapi, Spike, Chiara, Divo, Fuzzi, Filou, Reisha, Bär und allen anderen Hunden bedanken, die mir ihr Vertrauen geschenkt haben. Und selbstverständlich gilt mein Dank auch den Katzen, deren Weg ich begleitet habe: Ronja, Soki, Pele, Krabbe und Fisch.

Robert Langer
im Januar 2016

Unterwegs zum Team geworden

Ein eigenes Buch zu schreiben, hat mich schon lange gereizt. Nur – den Absprung hatte ich bis zum vergangenen Jahr nicht geschafft. Denn es ist das eine, Bücher im Auftrag zu schreiben – und das habe ich schon des Öfteren getan. Das eigene Buch jedoch ist dann aber eine ganz andere Geschichte. Da es in meinen Augen keine Zufälle gibt und im vergangenen Jahr offensichtlich die Zeit einfach reif war, kam mein Freund Robert auf die Idee, das vorliegende Buch mit ihm gemeinsam zu schreiben. Er war bereits mit vielen Kapiteln in Vorleistung getreten. Hinzu kamen Kapitel von mir und einige Kapitel, die wir gemeinsam geschrieben haben. Das, was für viele vielleicht unvorstellbar ist, hat – wie Robert und ich finden – fabelhaft funktioniert. Das sich liebende Paar, ist nicht nur privat, sondern offensichtlich auch im Job ein Dreamteam.

Dieses Buch ist meine Herzensangelegenheit. Denn es findet sich soviel darin, was für ein Leben mit Hund so wichtig ist. Liebe, Aufmerksamkeit, Nähe, klare Regeln und Rituale. Als Hunde-Menschen sollten wir – finde ich – immer wieder inne halten und uns hinterfragen, ob das was wir im Miteinander mit unserem geliebten Hund tun, sich immer noch stimmig anfühlt oder ob wir es ändern oder perfektionieren können. Was sagt Robert so häufig? „Luft nach oben ist immer." Und das stimmt. Unsere Hunde lernen von uns und wir dürfen von ihnen lernen. Jeden Tag, jede Minute. Unsere Hunde haben Gefühle. Dieselben wie wir. Genau deshalb wollen sie auch als fühlende Wesen behandelt werden. Das sollten wir alle nie vergessen.

Mein Dank gilt meinen beiden Hunden Emmy (sie ist vor einigen Jahren bereits über den Regebogen gegangen) und Juli, von denen ich soviel gelernt habe und immer noch lerne. Und natürlich Robert, der die Idee hatte, dass dieses Buch zu „unserem" Buch wurde.

Christine Reichmann
im Januar 2016

Lassen Sie uns zuerst auf zwei zentrale Begriffe schauen, die wir in diesem Buch häufig verwenden: Art & Aufforderung ...

Die Begriffe Art und Aufforderung haben im alltäglichen Sprachgebrauch und im wissenschaftlichen Bereich eine andere Bedeutung als im vorliegenden Buch. Aus unserem Verständnis heraus und aus tierrechtlichen Gründen geben wir den beiden Begriffen folgende Bedeutung:

Art

Schauen wir ins Internet, finden wir zum Begriff „Art" auch die Begriffe „Spezies" bzw. „Species". Sie bezeichnen die Grundeinheit der biologischen Systematik. Da wir kein wissenschaftliches Buch schreiben wollten, haben wir uns die Freiheit genommen, den Begriff „Art" anders zu belegen. Warum? Im großen Thema „Hund" wird nach wie vor das Wort „Rasse" genutzt. Damit wollen wir hier brechen. Aus unserer Überzeugung wertet der Begriff „Rasse" klassifizierend ab und gehört auf die Müllkippe der Geschichte. Oder mit den Worten der Tierschutzorganisation PETA zu schreiben: „Kein Rassenwahn bei Menschen und Hunden!"

Wir verwenden den Begriff „Art", um die Besonderheiten der verschiedenen Hunde darzustellen – wie zum Beispiel die Arten der Jagdhunde, Hüte- und Herdenschutzhunde oder die Art Pointer, die Art Deutsch Kurzhaar usw.

Aufforderung

Sprache schafft Handeln. Und wenn wir im Umgang

mit Hunden – also fühlenden und denkenden Wesen – von Kommandos, Befehlen oder Anweisungen sprechen, sind wir ganz schnell in der Tonlage, die wir auf Kasernenhöfen oder mitunter auf Sportplätzen antreffen. An diesen Orten geht es häufig um die Umsetzung von Befehlen. Hunde hingegen wollen mit uns Menschen kooperieren. Deshalb geht es darum, Hunde gewaltfrei zu informieren und zu überzeugen, damit sie ein von uns gewünschtes Verhalten zeigen. Das hat uns nach längerer Überlegung dazu gebracht – grundsätzlich immer dann, wenn wir ein bestimmtes Verhalten von unserem Hund erwünschen – das Wort Aufforderung zu nutzen.

EINLEITUNG ODER DER RICHTIGE HUND.

Die Haushundwerdung vor ca. 40.000 Jahren[1] war der Anfang der sozialen Gemeinschaft zwischen Mensch und Hund. Bis heute ist dieses Miteinander durch eine Vielzahl von Missverständnissen und Mythen geprägt. Und nicht selten hört man auf Hundewiesen von der einen Lösung für Probleme mit Hunden. Dabei wird immer wieder vergessen, wie unterschiedlich Hunde sind.

Allein die Art des Hundes, sein Geschlecht, sein Alter, ob er kastriert ist oder nicht, das Verhalten seines Leitmenschen, die Biografie des Hundes, sein Charakter und die Umwelt zeigen eine Vielzahl von Faktoren auf, die sein Verhalten bestimmen. Dementsprechend muss auch für jedes Problem – wie zum Beispiel ein unerwünschtes Verhalten – ein Lösungsweg gefunden werden, der auf den entsprechenden Hund und seinen Leitmenschen zugeschnitten ist.

Noch spezieller wird es, wenn es um die große Zahl der Hunde geht, die aus dem Tierschutz osteuropäischer und mediterraner Länder zu uns kommen. Hier bleiben entscheidende Faktoren der Biografie im Verborgenen. Denn wer weiß schon, was ein

---

[1] LARSON, Greger et al.: *Rethinking dog domestication by integrating genetics, archeology, and biogeography.* In: PNAS, Bd. 109, 2012, DOI: 10.1073/pnas.1203005109

Straßenhund in den letzten Jahren erlebt hat. Dabei können diese Erlebnisse einen großen Einfluss auf das Verhalten der Hunde haben. Das soll Sie aber nicht davon abhalten, einen Hund aus dem Tierschutz zu sich zu nehmen.

Wir möchten Sie für die Bedürfnisse von Hunden sensibilisieren und Ihnen zeigen, wie Sie und Ihr Hund zu einer funktionierenden und respektierenden Gemeinschaft werden, die auf Wertschätzung und Freundlichkeit basiert. Einer Gemeinschaft, bei der Sie der Leitmensch sind. Dabei sei eines jetzt schon gesagt:

Hunde möchten eng mit ihren Menschen zusammenleben. Das ist artgerecht.

An dieser Stelle möchten wir hervorheben, dass die von uns in diesem Buch beschriebenen Schulungstipps, Anekdoten und die daraus folgenden Anmerkungen nicht zwingend zu jeder Mensch-Hund-Gruppe passen müssen.

KANN EIN HUND BEI UNS ARTGERECHT LEBEN?

Am Anfang steht die Frage: „Holen wir uns einen Hund?" Dabei sollte die erste Frage immer lauten, ob ein Hund bei uns, in unserer Gemeinschaft, unserer Familie überhaupt artgerecht leben kann. Haben wir diese mit „ja" beantwortet, müsste die zweite Frage lauten, welcher Hund in unsere Gemeinschaft passen würde.

Aber der Reihe nach: Die Frage, ob ein Hund in unserer Gemeinschaft leben kann, lässt sich anhand der folgenden Liste klären. Dabei sollten alle Fragen mit „ja" beantwortet werden. Denn nur dann können wir sicher sein, dass ein Hund in unserer Gemeinschaft artgerecht und ohne zusätzlichen Stress leben kann. Und das bedeutet für uns, dass auch wir uns auf ein entspanntes Miteinander mit unserem Hund freuen können.

Die Fragen:
1. Erlaubt der Vermieter, dass in Ihrer Wohnung ein Hund lebt? Wenn ja, haben Sie diese Zusage schriftlich?
2. Haben Sie Spaß am Spazierengehen über Wiesen und Felder? Auch bei Regen, Schnee, Wind und Kälte?
3. Haben Sie die Zeit, um Ihrem erwachsenen und gesunden Hund (bei Welpen, Senioren und kranken Hunden gibt es andere Anforderungen) am Tag stressfrei 3 Stunden Auslauf zu ermöglichen? Dabei heißt „stressfrei", dass kein Zeit-

druck besteht und der Hund mindestens 2 der 3 Stunden ohne Leine laufen kann. Hierbei können Sie sich natürlich auch von einem Hundebetreuer unterstützen lassen.

4. Haben Sie Zeit und Lust, eine Hundeschule zu besuchen? (Lesen Sie dazu auch das Kapitel „Wie finde ich DIE gute Hundeschule?") Denn schon durch das Investment von 10 Stunden Hundeschule würden Sie und Ihr Hund gut zusammenfinden. Zudem wäre es für Ihren Hund ein großes, schönes, gemeinsames Spiel und für Sie die Versicherung, in Zukunft alles stressfrei richtig machen zu können. Immer vorausgesetzt, die gewählte Hundeschule ist die richtige.

5. Sind die finanziellen Mittel für den Hund (wie Futter- und Tierarztkosten, Kosten für Zubehör, Haftpflichtversicherung und Hundesteuer) für die nächsten 15 Jahre gesichert vorhanden? Bedenken Sie dabei, dass bei Hundesenioren zusätzliche Arztkosten anfallen können.

6. Können Sie mit Sicherheit sagen, dass Sie auch im Laufe der nächsten 15 Jahre all diese Fragen mit „ja" beantworten könnten?

Sollten Sie nur eine dieser Fragen mit „nein" beantwortet haben, ist der Zeitpunkt noch nicht gekommen, um einen Hund in Ihr Leben zu holen. Oder anders gesagt: In diesem Fall rate ich Ihnen dringend von einer Hundeaufnahme ab.

Wenn Sie sich entschieden haben, jetzt noch keinen Hund aufzunehmen, heißt das aber nicht, dass Sie auf das Miteinander mit einer Fellnase verzichten müssen. Viele Tierheime oder Tierschutzorganisationen suchen zur Entlastung Hunde liebende Menschen, die immer mal wieder Hunde für einige Stunden ausführen möchten.

Zudem haben Sie die Möglichkeit, z. B. über eine kostenfreie Online-Annonce, in Ihrer Nachbarschaft einen Hundebesitzer zu finden, der sich über die Entlastung freut, wenn Sie seinen Hund hin und wieder ausführen. Somit würden Sie etwas Gutes tun und müssten nicht auf den Kontakt zu Hunden verzichten.

Konnten Sie alle Fragen mit „ja" beantworten, kommen wir jetzt zu der spannenden Frage:

Welcher Hund passt zu mir bzw. in unsere Gemeinschaft?

Diese Frage sollte so sachlich wie nur möglich erörtert werden. Und sollten Sie vor der Klärung dieser Frage in ein Tierheim oder zu einer Pflegestelle gehen, werden Sie mit absoluter Sicherheit in die „Oh wie süß!"-Falle tappen. Glauben Sie mir, aus dieser Falle kommen Sie so schnell nicht wieder heraus. Irgendeine süße Fellnase wird Ihr Herz erobern. Ob der Hund zu Ihnen passt oder nicht. Und damit fangen dann meist die Probleme an. Darum klären Sie bitte sachlich, welche Art Hund es sein soll.

Hier nun einige Fragen und Informationen, die Ihnen den Weg zum richtigen Hund erleichtern:

Haben Sie kleine Kinder? Oder werden Sie regelmäßig von kleinen Kindern besucht?

Dann sollte es kein großer, pubertierender Hund sein. Ein großer, ruhiger, mindestens 3 Jahre alter Hund kann es aber schon sein. Vorausgesetzt, der Hund mag kleine Kinder und den damit verbundenen Lärmpegel.

Zu Kindern sei noch gesagt, dass Sie Kinder auf keinen Fall über einen längeren Zeitraum als Hundesitter einplanen sollten. Denn: Geht Ihre 16jährige Tochter heute noch täglich mehrere Stunden in der Woche mit dem Hund zur Hundewiese, können bald Themen wie Freundinnen, Tanzen und Freunde viel attraktiver sein. Dann bleibt keine Zeit mehr für regelmäßige Spaziergänge mit dem Hund. Dass Kinder sich und ihre Interessen beim Älterwerden verändern, ist gut, hilft Ihnen und Ihrem Vierbeiner jedoch nicht weiter.

Doch zurück zu der Frage, welcher Hund zu Ihnen und Ihrem Leben passt ...

Soll Ihr Hund eine Aufgabe erfüllen? Beispielsweise das angrenzende Gelände im Auge behalten? Dann könnte ein Herdenschutzhund der richtige sein. Oder Sie wohnen auf der Etage ohne Aufzug? Dann sollte der Hund nicht zu schwer sein. Denn ist Ihr Hund erst einmal im Seniorenalter, kann es sein, dass Sie ihn mehrmals am Tag rauf und runter tragen müssen, weil er keine Treppen mehr steigen kann. Grundsätzlich sollten Hunde unabhängig von Alter und Größe so wenig Treppen wie möglich steigen. Denn stetiges Treppensteigen kann im Alter zu Gelenkerkrankungen führen.

Wenn Sie einen ruhigen Vierbeiner suchen, der seine Kommunikation weniger über Bellen ausdrücken soll, rate ich von folgenden Arten ab: Terrier im Allgemeinen und Dackel.

Sie fliegen regelmäßig? Dann wäre ein kleiner Hund geeignet, da er mit in die Kabine darf. Große Hunde hingegen müssen in den Frachtraum zum Gepäck. Und das bedeutet für Hunde maximalen Stress.

Sie sind Rentner oder Pensionär? Warum dann kein Hund im Rentenalter? Sehr oft sind ältere Hunde ruhiger und altersweise. Auch braucht ein älterer Hund weniger Auslauf.

Wohnen Sie am Waldrand mit Wildbestand? Dann rate ich von Jagdhunden ab. Hier wäre wohl ein Hüte- oder Herdenschutzhund vorteilhafter. Aber Vorsicht: Hütehunde wollen beschäftigt sein. Auslauf allein reicht Australian Shepherds, Border Collies und Co nicht aus.

Sie leben in einer Stadt? Womöglich in einer Großstadt? Dann kann ein Jagdhund der richtige Begleiter sein. Schauen Sie, ob es ausreichend Auslaufflächen gibt. Zum Beispiel Auen und Wiesen am Fluss, die nicht unter Naturschutz stehen und nicht von Wasservögeln und Bodenbrütern besiedelt werden. Eventuell gibt es eingezäunte Auslaufflächen von Hundehilfevereinen in Ihrer Stadt oder Umgebung. Fragen Sie beim örtlichen Tierschutzverein nach oder suchen Sie im Internet.

Sehr hilfreich bei der Suche nach dem richtigen Hund können die Informationen von Hundepflegestellen sein. Über genau solche Informationen bin ich an meine Jagdhunde gekommen.

Denia Dogs e.V. und andere Hundehilfevereine – beispielhaft sei noch „Hunde aus Mallorca e.V." genannt – retten schutzlose Hunde und geben sie oft vor der letztendlichen Vermittlung an Pflegestellen in Deutschland. Diese Pflegestellen werden fast immer von ehrenamtlich arbeitenden Tierschützern geleitet, die zu ihrem eigenen Hund einen oder mehrere Pflegehunde aufnehmen. Diese Pflegehunde werden dann medizinisch versorgt. Auch beginnt hier – je nach Anforderung des Hundes – die erste Schulung, zum Beispiel Autofahren oder Nutzen von öffentlichen Verkehrsmitteln. Aber vor allen Dingen werden die Hunde beobachtet. Und diese Beobachtungen erleichtern es dem angehenden Leitmenschen, den richtigen Hund zu finden. Auf den Homepages der einzelnen Tierschutzvereine werden deshalb neben Fotos und Filmen diese Beobachtungen veröffentlicht.

Folgende Beobachtungen können hilfreich sein:

Wie verhält sich der Hund gegenüber Katzen und Kindern?

Passt der Hund zu kleinen Kindern? Oder ist der Hund so agil, dass die Kinder schon älter sein sollten?

Mag der Vierbeiner Autofahren?

Ist er gerne aktiv und sportlich unterwegs?

Gibt es Unverträglichkeiten bei der Ernährung?

Oder sind womöglich jetzt schon unerwünschte Verhaltensweisen erkennbar?

Mit Hilfe der Beantwortung dieser Fragen können Sie als zukünftiger Leitmensch Ihre Suche nach einem neuen Familienmitglied auf ein oder zwei Hunde, die auf der Pflegestelle leben, eingrenzen. Als nächstes kann ein Telefonat mit der Pflegestelle helfen, weitere Fragen zu klären. Dann darf nach verantwortlicher Vorauswahl der erste Besuch bei der Pflegestelle stattfinden. Dort gibt es die erste Kontaktaufnahme mit dem auserwählten Hund und vielleicht einen kleinen Spaziergang. Nutzen Sie diese Gelegenheit, um weitere Fragen zu stellen. Hilfreich ist es, vor dem Besuch eine Liste mit Fragen zu erarbeiten. So wird nichts vergessen. Und: Mit der Fülle dieser Eindrücke fahren Sie dann bitte OHNE (!) Hund nach Hause. Überschlafen Sie nochmals alle Informationen und Ereignisse. Treffen Sie dann in aller gebotenen Ruhe Ihre Entscheidung. Bedenken Sie bitte, ein Hund ist ein weiteres Familienmitglied mit besonderen Anforderungen.

Ein Hund ist ein fühlendes Wesen und möchte eng mit seinem Menschen zusammenleben.

WIE BEWEGE ICH MEINEN HUND AUSREICHEND?

Das ist eine Frage, die man nicht pauschal beantworten kann. Denn Welpen und Hunde unter 5 Monaten sind schneller müde als erwachsene Hunde mit 2, 3 oder 4 Jahren. Alte Hunde brauchen mehr Erholungsphasen als jüngere. Einem Rottweiler im besten Alter reichen 2 Stunden Bewegung am Tag aus. Ein Setter im besten Alter ist nach 3 Stunden noch nicht müde. Kranke Hunde oder Hunde mit Handicap müssen in Absprache mit dem Tierarzt individuell bewegt werden. Einem Jagdhund reichen 3 Stunden Spuren verfolgen sowie Spielen mit anderen Hunden am Tag vollkommen aus. Ein Border-Collie oder Australian-Shepherd hingegen vermisst dann immer noch anspruchsvolle Aufgaben, die seine Intelligenz fordern. Und bei allen Unterschieden dürfen bei jedem Hund die sozialen Kontakte zu seinen Artgenossen natürlich nicht zu kurz kommen.

Als verantwortungsbewusster Mensch, der mit einem oder mehreren Hunden zusammenlebt, sollte man die körperlichen und geistigen Bedürfnisse seines Vierbeiners nicht vernachlässigen. Hier ist eine Übersicht als Richtwert:

Hunde, die zwischen 3 und 6 Monaten alt sind, wollen die Welt erkunden. Vollkommen egal, um welche Art Hund es sich handelt, er gehört in eine gute und gewaltfreie Welpen- oder Junghundgruppe. (Lesen Sie dazu auch die Kapitel „Wie finde ich DIE gute

Hundeschule" und „Gewalt".) Dort kann er sich bewegen und viele Kontakte zu Artgenossen pflegen. Darüber hinaus lernt er Neues, wie zum Beispiel verschiedene unbekannte Untergründe zu begehen und die ersten einfachen Regeln. An solch einem Schultag wird Ihr Schnösel müde und mit zusätzlich 30 Minuten morgens und 30 Minuten abends bestens bedient sein. An den Tagen ohne Schule sollten es dann schon alles in allem 2 Stunden Bewegung sein. Davon mindestens 90 Minuten ohne Leine. Wenn Ihr Hund nicht ableinbar ist, kann er sich an der Schleppleine bewegen.

Einen Hund nur an der kurzen Leine zu halten, ist ohne Wenn und Aber eine Tierqualhaltung!

Ab dem sechsten Monat braucht Ihr Hund 3 Stunden Auslauf am Tag. Davon mindestens 2 Stunden ohne Leine. Wenn Ihr Hund an einem Tag mit Ihnen mal 5 Stunden unterwegs war, reichen am nächsten Tag sicherlich 2 Stunden aus. Im Alter von 6 Monaten ist das Spielbedürfnis Ihres Hundes am stärksten ausgeprägt. Das sollten Sie in jedem Falle berücksichtigen.

Alles in allem bleibt durch das tägliche Bewegungsprogramm nicht nur Ihr Hund fit, sondern auch Sie.

Mit einem ausreichenden Bewegungsprogramm lässt sich natürlich auch Übergewicht zuverlässig verhindern. Denn schon wenige Pfunde zu viel auf den Rippen Ihres Hundes beeinträchtigen ihn in vielerlei Hinsicht: Beim Spiel mit anderen Hunden wird er ausgegrenzt, weil er das Tempo nicht mithalten kann. Zudem verschleißt Übergewicht Gelenke und Bandapparat Ihres Lieblings. Und nach wenigen Jahren sind die Gelenke bereits so geschädigt, dass Ihr Hund unter starken Schmerzen leiden wird. Sollten Sie einen übergewichtigen Hund haben oder übernommen haben, trainieren Sie Ihren Hund in kleinen Schritten. Schauen Sie erst einmal, wie weit Ihr Hund an der lockeren Leine mitgeht oder stoppen Sie die Zeit, wenn Sie wechselnde Strecken gehen. Bleibt Ihr Hund stetig zurück oder sogar stehen, ist er müde. Von diesem Richtwert aus erhöhen Sie jetzt jeden Tag die Dauer der Spaziergänge um 5 Minuten bis Sie die 3 Stunden erreicht haben. So verwandelt Ihr Hund Fettmasse in Muskeln. Deshalb wird Ihr Hund in den ersten Wochen auch abnehmen und dann wieder etwas zunehmen, da Muskeln schwerer sind als Fett. Vor Beginn des Abnehmprogramms ist es immer sinnvoll, den Vierbeiner beim Tierarzt durchchecken zu lassen. Und: Auch alte Hunde können trainiert werden. Natürlich in kleinen Schritten und mit einem angemessenen Ziel.

Zu den Spazier- oder Lauf bzw. Schnüffelstrecken sei noch geschrieben: **„Neue Strecken sind immer interessanter und machen daher mehr müde!"** Kastrierte Hunde sind bestimmter Hormoncocktails beraubt. Das Fehlen dieser Hormone kann Ihrem Hund im Alter zu schaffen machen. Es ist dann auch durchaus möglich, dass Ihr Hund Anzeichen einer Demenzerkrankung zeigt. Ist Ihr Hund kastriert – und damit sind Männlein und Weiblein gemeint – spielen Sie pro Tag mit ihm ein 15 minütiges Suchspiel: Verstecken Sie das Lieblingsspielzeug oder Leckerlies. Beides können Sie beispielsweise in Papier oder in ein Handtuch einwickeln. Dann ist es die Aufgabe Ihres Hundes, die Beute zu finden und auszuwickeln. Bitte beachten Sie bei der Aufgabenstellung, dass Sie stets vom Einfachen ins Schwere arbeiten. So wird Ihr Hund täglich gefordert, seinen Grips anzustrengen und Sie arbeiten einer möglichen Demenzerkrankung entgegen.

„Kann ich mit meinem Hund Joggen gehen?" – ist eine Frage, die mir häufig gestellt wird. Auch hier ist vorab ein Tierarztcheck ratsam. Hunde unter 18 Monaten dürfen nicht joggen! Solange an den Knochen die Wachstumsspalten noch nicht geschlossen sind, wäre die Beanspruchung viel zu hoch. Mit einem Rottweiler oder Mops eine Stunde joggen zu wollen, ist nicht möglich. Diese beiden und viele andere Hunde sind für eine derartige Beanspruchung nicht geschaffen. Aber es gibt tolle Alternativen, um mit jedem Hund Joggen zu gehen. Es gibt für Hunde Joggingwagen in verschiedenen Größen. So wie man häufig joggende Eltern sieht, die ihre Kinder dabei im Jogging-Kinderwagen schieben, kann man im Hunde-Joggingwagen auch seinen Hund beim Joggen vor sich her schieben. Somit ist man unabhängig von der Leistungsgrenze und dem Alter seines Hundes. Sie joggen und er ist dabei. Und wenn Ihr Hund richtig betagt ist, können Sie den Wagen bei ganz normalen Spaziergängen mitnehmen. Wenn Ihr Liebling nicht mehr kann oder mag, hat er ja sein fahrendes Körbchen. Es gibt diese Hunde-Joggingwagen auch als Kombination Joggingwagen und Fahrradanhänger, bei der mit wenigen Handgriffen aus dem Joggingwagen ein Fahrradanhänger wird.

Es gibt Hunde, die mögen es, am Fahrrad mitzu- laufen. Als erstes fallen einem hier die nordischen Hunde mit ihrem großen Laufbedürfnis ein. Beachten Sie bitte bei jedem Hund, dass Sie nicht zu schnell und nicht zu lange fahren. Ihr Hund muss im leichten Trab mit entspanntem Gesicht auf gleicher Höhe wie das Rad laufen können. Zieht und zerrt Ihr Hund beim Laufen am Rad, ist es sinnvoll, zuerst mit einem Tretroller zu üben. Auf diese Weise können Sie Stürze vermeiden. Denn der Weg vom Roller zum Boden ist kürzer als der Weg vom Fahrrad. Praktisch sind auch im Handel erhältliche Federvorrichtungen zum Anleinen, die Sie an Ihr Fahrrad montieren können.

Achten Sie bei jeder Form der Bewegung auf den Untergrund. Nur auf Asphalt oder Teerstrecken zu laufen, führt ihrem Hund Verletzungen an den Ballen zu. Vereister Untergrund beansprucht die Gelenke massiv.

Immer wichtig: Führen Sie stets ausreichend Wasser mit sich und richten Sie Trinkpausen ein.

Bei Hitze beanspruchen Sie Ihren Hund bitte nur in den frühen Morgen- und in den späten Abendstunden. Zudem ist es ratsam, sich für die warmen Sommermonate Waldstrecken zu suchen, damit die Belastungszeit im Kühlen stattfinden kann.

Wenn Ihr Hund seinem Alter entsprechend ausreichend Bewegung hat, wenn Ihr Hund mindestens 60 Prozent seiner Tagesbewegungsleistung ohne Leine läuft, wenn Ihr Hund viele Spielkontakte zu anderen Hunden hat, wenn Ihr Hund Kopfleistungen erbringen muss und wenn Ihr Hund dann noch eng mit Ihnen zusammenlebt, DANN IST IHR HUND GLÜCKLICH.

MENSCH HUND WOLF.

Sie werden es sicherlich auch schon gehört und beobachtet haben, dass Menschen – die ihrem Hund ständig mit Kommandos in Sportplatzmanier oder schlimmstenfalls im Kasernenhofton auf den Senkel gehen – stolz mitteilen, dass sie Führer ihres Hundes sind. Dabei dient das Schreien von „Sitz" und „Platz" nur dem einen Zweck: sich selbst darzustellen.

Natürlich setzen Hunde diese im Tonfall barschen Kommandos um, aber nur weil es von ihnen verlangt wird. Im schlimmsten Fall tun sie es, um Stress und/oder eine körperliche Züchtigung zu vermeiden. Solch ein Umgang mit Hunden ist tierschutzrelevant, wenigstens bindungsstörend zwischen Mensch und Hund, bis hin zu bindungszerstörend. (Lesen Sie dazu auch das Kapitel „Gewalt")

Ich möchte in diesem Zusammenhang darauf hinweisen, dass dauerhafter Stress (psychische Gewalt) krank macht. Denn: Dauerhafter Stress verändert den Hormonhaushalt von Tieren. Und ein dauerhaft veränderter Hormonhaushalt schädigt die Organe.[2]

---

[2] FEDDERSEN-PETERSEN, Dr. Dorit Urd: *Hundepsychologie – Sozialverhalten und Wesen, Emotionen und Individualität.* Aufl. 1, Frankh Kosmos Verlag, 2013, S. 342 ff.

Ein Blick in die Welt der Wölfe macht uns schnell klar, dass Hunde souveräne Leitmenschen brauchen, die sie situativ informieren und gegebenenfalls klar regulieren ohne dabei zu überziehen und ohne, dass ihnen dabei emotional etwas nachgetragen wird.

Wölfe sind, wie uns Feldforscher schon seit Jahrzehnten mitteilen, äußerst soziale Tiere. Sie leben fast immer im Familienverband und kümmern sich gemeinsam um die Erziehung der Jungtiere. Verletzte Tiere – und sind sie noch so weit vom Wohnbereich entfernt – werden genauso versorgt wie stillende Muttertiere. Die **Leittiere sind intelligent, erfahren und souverän.** *Und nur wenn es absolut nötig ist, wird ein Familienmitglied von ihnen reguliert. Dann einmal, aber nachvollziehbar. Ist die Regulierung beendet, schwingt auch nichts mehr nach. Warum auch? Es ist alles geklärt und die souveränen Leittiere haben es nicht nötig, ihren Familienmitgliedern auf den Keks zu gehen. Ganz im Gegenteil, die Leittiere wissen um die Fähigkeiten ihrer Familienmitglieder und wertschätzen diese sehr. So kann das Territorium erfolgreich behauptet und die Familie mit Nahrung versorgt werden.*

Damit möchte ich nicht sagen, dass Hunde und ihre Urahnen – die Wölfe – eins zu eins zu vergleichen sind. Das wäre sicherlich falsch und würde Hunden nicht gerecht, da es entscheidende Unterschiede gibt. Der auffallendste ist, dass Hunde bei Problemen fast immer die Hilfe ihres Menschen suchen. Der Wolf würde niemals auf diese Idee kommen.

Zur Erklärung noch Folgendes: Wenn ich von Wölfen spreche, meine ich frei lebende Gruppen. Gehege-Wölfe haben nur einen Bruchteil der Bewegungsfreiheit einer freien Wolfsfamilie. Gehege-Wölfe müssen nicht jagen oder ihr Territorium verteidigen. Und Gehege-Wölfe haben Kontakt zu Menschen. Darum verhalten sich Gehege-Wölfe ganz anders als frei lebende Wölfe. Vergleiche ich frei lebende Wölfe mit Gehege-Wölfen, komme ich zu dem Schluss, dass Gehege-Wölfe bemitleidenswerte Geschöpfe sind.

Zurück zum Unterschied von Hund und Wolf. Stellen wir uns folgende Situation vor: In einem Wolfsrevier wird ein Stück Fleisch unter ein Drahtgehäuse gelegt. Eine Wolfsgruppe findet das Fleisch und wird das Drahtgehäuse mit Gewalt öffnen, um an das Fleisch zu kommen. Würde sich ein Mensch neben dieses Drahtgehäuse stellen, würde die Wolfsgruppe sich dem Fleisch nicht nähern. Denn Wölfe haben in den letzten Jahrhunderten gelernt, dass Menschen Gefahr bedeuten und sind daher menschenscheu geworden. Bestenfalls werden die Wölfe in der Nähe bleiben und warten, bis der Mensch weg ist. Erst dann würden sie sich dem Fleisch nähern.

Was würde ein Hund tun? Ein Hund würde sich das Drahtgehäuse anschauen und eine Öffnung suchen. Je nach Charakter würde der Hund mehr oder weniger stark versuchen, mit den Pfoten oder Zähnen das Gehäuse zu öffnen. Wenn ein Mensch neben dem Gehäuse stehen würde, würde der Hund den Augenkontakt zum Menschen suchen. Mit dem Ziel, dass er den Menschen dazu bringt, das Drahtgehäuse zu öffnen, damit der Hund an das Fleisch kommt.

Die beschriebenen Situationen sind fiktiv. Ähnliche Experimente wurden tatsächlich vielfach durchgeführt. Alle mit demselben Ergebnis: Hunde suchen zur Problemlösung die Hilfe des Menschen. Dies belegen viele Studien.[3] Und dieses Wissen um den Unterschied von Wolf und Hund hilft uns in der Kommunikation mit unseren Hunden und zeigt uns gleichzeitig, wie sozial Hunde sind. Es macht klar, dass jegliches Führerverhalten von Menschen im Sinne von Befehl und Gehorsam gegenüber Hunden maximal sinnbefreit ist.

Seien Sie bitte im Umgang mit Ihrem Hund ein Leitmensch. Bleiben Sie ruhig und souverän. Seien Sie für Ihren Hund berechenbar. Loben Sie Ihren Hund, wenn er eine gute Leistung vollbracht hat. Seien Sie immer freundlich zugewandt. Fordert Ihr Hund Sie mit einem unerwünschten Verhalten heraus, regulieren Sie ihn klar aber gewaltfrei. (Lesen

---

[3] BUBLAK, Angelika Bernadette: Ausdrucksverhalten von Hunden (Canis familiaris) gegenüber dem Menschen in einem Verhaltenstest und Beschwichtigungssignale in der Mensch-Hund-Kommunikation, unv. Diss., Ludwig-Maximilians-Universität München 2013.

Sie dazu auch das Kapitel „Gewalt".) Danach verhalten Sie sich, als hätte es das unerwünschte Verhalten nicht gegeben. Mit einem Abstand von wenigen Minuten zum unerwünschten Verhalten üben Sie die Thematik.

Natürlich fallen souveräne Leitmenschen nicht vom Himmel. Aber DIE gute Hundeschule und das Wissen, dass Hunde soziale, fühlende und mitfühlende Wesen sind, sind der erfolgversprechendste Weg zu einem souveränen Leitmenschen.

SITZ, PLATZ. LASSEN WIR DAS.

Im Frühjahr 2010 machte ich mit meinem ständigen Begleiter Lupo eine schöne Wanderung durch die Eifel. Es war ein herrlicher Sonnentag nach einer längeren Regenzeit und hin und wieder trafen wir auf andere Wanderer. Unter anderem auf eine Dame mit ihrem Labrador-Rüden Max. Schnell kam ich mit ihr ins Gespräch. Und wie das so ist, wenn sich Hunde-Menschen treffen, spricht man über die Hunde. Die Dame – ich nenne sie hier mal Rosa – war eine imponierende Erscheinung. Mit gut 1,90 m Körpergröße und von mir geschätzten 95 Kilo Gewicht, wirkte sie auf mich wie eine Schwerathletin. Sie erzählte mir, dass ihr Labrador Max acht Jahre alt und sehr lieb sei. Eine Aussage, die man häufig hört und die in den meisten Fällen sicherlich auch stimmt. Allerdings schließt „lieb" natürlich nicht aus, dass „der liebe Hund" nicht doch ein unerwünschtes Verhalten an den Tag legt. Nach meinem ersten Eindruck war Max aber ein ganz normaler Labrador-Rüde ohne ein unterwünschtes Verhalten – zumindest bei dieser Begegnung im Wald.

Allerdings zeigte Rosa ein unerwünschtes Verhalten. Denn sie wollte, dass Max während unseres Gespräches ins „Sitz" geht und zur Salzsäule erstarrt. Max allerdings wollte nicht ins „Sitz", sondern er wollte unserem Gespräch stehend lauschen. Wohl gemerkt: Max stand zu diesem Zeitpunkt ruhig bei Rosa und störte weder sie noch mich bei unserem

Gespräch. Das reichte Rosa jedoch nicht. Deshalb sprach sie Max mehrfach unwirsch und immer lauter werdend mit dem Kommando „Sitz!" an. Dabei zog Rosa an der Leine und erreichte, dass Max – sich sichtlich unwohl fühlend – gähnte. Dann setze Max sich hin. Dabei zeigte er mit seiner ganzen Körperhaltung und seinem Gesichtsausdruck, dass er Sitzen auf dem kühlen und nassen Waldboden blöd fand. Rosa hingegen entspannte sich und sprach sichtlich stolz auf IHRE Leistung weiter. Dabei bemerkte sie den auffälligen Unterschied in Max Verhalten nicht einmal. Eben im sogenannten „Bleib" war Max noch ein vollkommen ruhiger Hund, der keinen störte und friedlich bei Rosa stand. Jetzt im Sitz war Max unruhig und fühlte sich unwohl.

Warum ohne Not einen Konflikt eingehen?

Aus meiner Sicht werden die Aufforderungen „Sitz" und „Platz" sehr überbewertet. Für mich ist die wirklich wichtige Aufforderung das „Bleib". Wenn meine Hunde das „Bleib" hören, müssen sie stehen bleiben. Dabei bedeutet stehen bleiben, an einem Punkt zu verweilen, bis ich die Aufforderung „Bleib" aufhebe – also sage, dass wir weiter gehen. Dabei ist es vollkommen egal, ob sich meine Hunde bei der Aufforderung „Bleib" für Stehen, Sitzen oder Liegen entscheiden.

Alternativ verwende ich die Aufforderung „Körbchen". Wenn meine Freundin und ich essen gehen, sind unsere Hunde immer dabei. Wir legen eine Decke unter oder neben den Tisch und die Hunde machen es sich mit der Aufforderung „Körbchen" auf der Decke gemütlich. Natürlich bedeutet „Körbchen" auch, dass sie auf der Decke bleiben, bis wir sagen, dass es weitergeht.

Merke:

„Sitz" und „Platz" sind nicht wirklich wichtig. Gehen Sie nicht unnötig einen Konflikt mit Ihrem Hund ein.

„Bleib" ist wichtig.

„Körbchen" ist wichtig.

Denn: „Bleib" und „Körbchen" bedeuten: bleiben, in die Ruhe kommen und – ganz wichtig – entspannen.

FREIO – DER RÜCKZUGSORT FÜR IHREN HUND.

Wer kennt es nicht, dieses herrliche Nachlaufspiel aus der Kinderzeit. Eine wichtige Regel dieses Spiels ist das Freio. Dies kann beispielsweise ein Baum, ein Garagentor oder ein Zaun sein. Alles kann zum Freio bestimmt werden. Freio heißt: Bin ich im oder am Freio, darf mich dort keiner fangen bzw. abschlagen. Und das schützt mich davor, der nächste Fänger beim Nachlaufen zu werden.

Auch unsere Hunde brauchen ein Freio. Als wirksamen Schutz vor Belästigungen jeder Art. Ein gutes Freio ist ein Körbchen, das in Hufeisenform eingeparkt ist. Zum Beispiel zwischen Schrank, Wand und Sofa. Auch ein gut platziertes Körbchen unter der Küchensitzgelegenheit oder dem Küchentisch ist ein prima Freio – zumindest für kleinere Hunde. Grundsätzlich sollte dieses Freio-Körbchen keine freie Sicht auf die Tür zulassen. Sonst beobachtet der Hund von seinem Körbchen aus ständig die Tür und kann sich nicht tiefenentspannen. Zudem muss das Freio ständig für den Hund ungehindert erreichbar sein.

Folgende Regel gilt für das Freio: Niemand darf den Hund in seinem Freio stören. Auch nicht die Kinder, die zur Familie gehören oder der liebe Besuch. Ein Hund muss sich zurückziehen können. Warum? Klare Regeln wie das Freio helfen dem Hund, in allen Situationen entspannt zu bleiben.

Selbstverständlich können Sie das Freio-Körbchen auch mobil einsetzen. Legen Sie in das Freio-Körbchen eine für den Hund sichtbare Decke. Am besten eine blaue oder grüne. So verknüpft Ihr Hund sein geliebtes Freio-Körbchen mit der blauen oder grünen Decke. (Lesen Sie dazu auch das Kapitel „Die Augen".) Besuchen Sie Freunde oder ein Restaurant, nehmen Sie diese Decke einfach mit und legen sie dort auf den Boden. So versteht Ihr Hund, dass hier sein Freio ist und er kann sich perfekt entspannen.

Natürlich brauchen Freunde, Verwandte und insbesondere deren Kinder eine Freio-Einweisung. So werden sie schnell verstehen, dass dies die uneingeschränkte Ruhezone des Hundes ist und somit für sie absolut tabu.

Was tun, wenn ein Hund partout nicht ins Körbchen möchte? Allererste Regel: Ruhe bewahren. Bedenken Sie, Hunde sind unterschiedlich im Charakter und gerade neugierige Hunde wollen nicht ins Körbchen, weil sie befürchten, etwas zu verpassen. Pubertierende Hunde suchen schon mal den Konflikt und zeigen Ihnen klar an „Ich will nicht ins Körbchen!"

Wenn Ihr Hund die Aufforderung „Bleib" bereits umsetzen kann, ist es leicht, ihm sein Körbchen schmackhaft zu machen: Schicken Sie Ihren Hund mit der Aufforderung „Körbchen" in sein „Freio". Ist er im Körbchen, geben Sie ihm das Signal „Bleib".

Hilfreich kann zudem eine Leine sein. Fixieren Sie diese so (z. B. in der Wand verankert), dass Ihr

Hund sich nur noch im Körbchen bewegen kann aber nicht darüber hinaus. Ihr Hund wird die Situation nach einigen Minuten akzeptieren und sich entspannt hinlegen. Mit der Zeit wird er das Angeleint sein im Körbchen problemfrei als Ritual vor dem entspannten Ruhen oder Schlafen hinnehmen. Der perfekte Zeitpunkt, um – wenn Ihr Hund zur Ruhe gekommen ist – die Leine zu lösen. Eventuell zu Beginn für kurze Zeitabschnitte, später dann für längere Zeit. Sollte Ihr Hund nach dem Lösen der Leine sein Körbchen verlassen, leinen Sie ihn sofort wieder an. Nach einigen Wochen können Sie die Leine ganz weglassen. Dann wird Ihr Hund sein Freio-Körbchen nicht nur akzeptiert haben, sondern es sehr wertschätzen. Sie werden erleben, dass Ihr Liebling sein Freio selbständig aufsucht, wenn der Trubel um ihn herum zu groß wird. Jetzt müssen Sie nur noch dafür Sorge tragen, dass die Freio-Regeln eingehalten werden.

WIE FINDE ICH DIE GUTE HUNDESCHULE?

Für Menschen, die Tierschutz, Tierrechte und damit auch Naturschutz ernst nehmen und vorleben, ist es selbstverständlich, dass sich DIE gute Hundeschule eindeutig gegen jede Form von Gewalt ausspricht. (Lesen Sie dazu auch das Kapitel „Gewalt".) Dabei müssen wir uns im Klaren darüber sein, dass es bisher in Deutschland keine bundesweit einheitlich anerkannte Ausbildung zum Hundetrainer gibt.[4] Es gibt keine übergeordnete Institution, die Ausbildungs- sowie Prüfungsinhalte und somit Quantität und Qualität einer Hundetrainerausbildung vorgibt und überwacht.

Auch ist die Bezeichnung „Hundetrainer" nicht geschützt. Und das heißt, dass sich im Grunde genommen jeder als Hundetrainer bezeichnen kann. Zudem kann jeder zum Hundetrainer ausbilden. In Deutschland ist also bis heute der gesamte Bereich „Ausbildung zum Hundeprofi" – mit welcher Bezeichnung auch immer – eine weitgehend unkontrollierte Grauzone.

Diese unglückliche und verbesserungswürdige Situation um das Hundetrainerwesen in Deutschland hat zur Folge, dass es Hundeschulen gibt, für die physische und psychische Gewalt gegen Hunde und Menschen zum Lehrinhalt gehören.

---

[4] www.tierheilpraktiker.net/hundetrainer, Stand: 29.10.2015

Setzen wir voraus, dass ein Trainer gut ausgebildet ist, heißt das noch lange nicht, dass er sein Wissen auch gut weitergeben kann. Dabei ist sicherlich auch die persönliche Struktur eines Hundetrainers wichtig. Denn nicht immer stimmt die Chemie. Nicht immer passt jede Mensch-Hund-Gruppe zu jedem Ausbilder.

Es geht also darum, die guten Hundeschulen zu finden. Die, die sich durch fachlich kompetente Hundetrainer auszeichnen, die lehren können, ohne sich selbst darstellen zu müssen und denen es wichtig ist, Wissen über die Empathiefähigkeit von Hunden zu vermitteln. Und für die es natürlich selbstverständlich ist, sich von jeder Art der Gewalt – wie beispielsweise Reizstrom, Stachel- oder Würgehalsband oder auch vom Bewerfen von Hunden mit Gegenständen – eindeutig zu distanzieren.

DIE gute Hundeschule bzw. ein guter Hundetrainer vermittelt, was Hunde wirklich wollen: einen souveränen, empathiefähigen Leitmenschen mit einem soliden Grundwissen über Hunde. Bleibt die Frage, wie Sie eine solch gute Hundeschule bei Ihnen vor Ort finden. Zum einen hat fast jede Hundeschule einen Internetauftritt. Hier kann man sich einen ersten Eindruck verschaffen. Aber Vorsicht, denn nicht nur Papier ist geduldig! Ein erstes Gespräch am Telefon ist – neben der intensiven Recherche im Internet – aus meiner Sicht unerlässlich. Haben Sie den Eindruck, für sich und Ihren Hund die passende Hundeschule gefunden zu haben, vereinbaren Sie einen persönlichen Termin. Denn nur im persönlichen Kontakt können Bauch und Verstand feststellen, ob es passt oder nicht.

Die 4 unverzichtbaren Merkmale DER guten Hundeschule:

1. DIE gute Hundeschule arbeitet absolut gewalt-frei.
2. DIE gute Hundeschule informiert freundlich und geduldig.
3. DIE gute Hundeschule bietet eine Probestunde für kleines Geld.
4. DIE gute Hundeschule verändert bestehende Ausbildungsgruppen und somit deren Dynamik nicht.

Mein Tipp: Hören Sie immer auf Ihren Bauch! Und nehmen Sie Ihr schlechtes Bauchgefühlt ernst!

GEWALT.

Gewalt gegen Hunde hat viele Gesichter. Dabei denken wir bei Gewalt gegen Hunde schnell an Schläge oder Verwahrlosung. Doch leider ist es so, dass Gewalt vielseitig ist und schon weit früher anfängt als wir denken ...

Hier ein kleiner Einblick in physische und psychische Gewalt, die wir alle tagtäglich sehen:

Leinenruck

Allzu viele Menschen regulieren ihren Hund mit einem Rucken an der Leine. Tragen diese Hunde ein Halsband, wirkt der Leinenruck direkt auf den empfindlichen Hundehals. Hier befindet sich der Kehlkopf. Zudem verlaufen hier die Hauptschlagadern und die Lymphdrüsen. Selbst wenn wir davon ausgehen, dass ein Hund nur eine Stunde täglich an der Leine ausgeführt wird (Ihnen ist natürlich klar, dass eine Stunde pro Tag viel zu wenig ist.) und der Hund in dieser Stunde 10 Mal über die Leine am Hals reguliert wird, sind das 70 Mal in der Woche, ca. 300 Mal im Monat, ca. 3.600 Mal im Jahr, also ca. 50.000 Mal in einem solchen Hundeleben. Dabei sind diese Zahlen sehr niedrig angesetzt. Tatsächlich finden diese gewaltsamen Regulierungen deutlich öfter statt. Nach nur wenigen Jahren können diese Hunde an schmerzhaften Kehlkopferkrankungen sowie Veränderungen an der Schilddrüse leiden. Diese lassen sich nur schwer medizinisch behandeln. Zudem nutzt diese Therapie wenig, wenn die Menschen ihr ursächliches Verhalten nicht überdenken und verändern. Darüber hinaus führt jeder einzelne Leinenruck wenigstens zu Missverständnissen in der Mensch-Hund-Kommunikation. Nicht selten wird der Hund zunehmend unsicher und neue Probleme werden geboren.

Übergewicht

Schauen wir auf unsere Straßen, sehen wir häufig übergewichtige Hunde. Allein bei den Labradoren sieht man nur noch ganz selten einen Hund mit definiertem Brustkorb, definierter Hüfte sowie einer ausgeprägten Muskulatur. Bei übergewichtigen Hunden sind Herz-Kreislauf-Erkrankungen und Organveränderungen Tagesgeschäft der Kleintier-Veterinäre.

Bleiben wir bei den Labradoren: Ein ausgewachsener Rüde hat in gesundem Zustand ein durchschnittliches Gewicht von 28 Kilo. Schon bei einem zusätzlichen Körpergewicht von 2,8 Kilo – durch Überfütterung, falsche Ernährung und/oder Bewegungsmangel – beträgt das Übergewicht 10 Prozent des Körpergewichts. Tragen Sie einen Tag lang 10 Prozent ihres Körpergewichts in Form von Steinen in einem Rucksack mit sich herum. Am Ende des Tages werden Sie sich extrem unwohl fühlen sowie Muskel- und Gelenkschmerzen am ganzen Körper verspüren. Und genau das muten wir unseren Hunden mit Übergewicht zu: Muskel- und Gelenkschmerzen, auf Dauer chronische Muskel- und Gelenkveränderungen, Herz-Kreislauf- und Organerkrankungen. Mit diesem gewaltsamen Verhalten beschneiden wir nicht nur die Lebensqualität unserer Hunde, sondern auch ihre Lebenszeit um ein hohes Maß.

Zu wenig Auslauf

Wie schon im Kapitel „Wie bewege ich meinen Hund ausreichend" beschrieben, braucht ein Hund einen seiner Art, seinem Alter und seiner Konstitution entsprechenden Auslauf. Bewegt ein Hund sich nicht ausreichend, führt dies zu folgenden Veränderungen: Der Hund kann übergewichtig und krank werden. Aber auch die Psyche des Hundes leidet unter zu wenig Auslauf. Typisch ist, dass solche Hunde – solange sie es noch körperlich können – an der Leine ziehen, springen und sogar ihre eigene Rute jagen. Auch führt eine Unterbeanspruchung zu depressiven Episoden. Die Hunde zeigen sich lustlos und antriebsarm. Weitere Symptome sind Erkrankungen, die erst einmal augenscheinlich nichts mit der Thematik „zu wenig Auslauf" zu tun haben. Schaut man aber genauer hin, lässt sich der Körper etwas anderes einfallen, um auf die seelischen Beeinträchtigungen durch die Unterbeschäftigung hinzuweisen. In meiner Praxis erlebe ich immer wieder, dass übergewichtige und unterbeschäftigte Hunde Ohrenprobleme haben, anfällig für Erkältungen sind oder unter Hautveränderungen leiden.

Zu wenig Kontakt zu anderen Hunden

Hunde sind fühlende Wesen, die sich genau wie wir Menschen ausgegrenzt fühlen können. Dies ist beispielsweise dann der Fall, wenn wir Menschen es unseren Hunden nicht gestatten, ausreichend Kontakt zu anderen Hunden zu pflegen. Darüber hinaus nehmen wir unseren Hunden die Möglichkeit, im Spiel mit anderen Hunden das souveräne Erwachsensein zu üben. Bei solch einem Üben lernen Hunde, ihre zumeist altersbedingten Grenzen gegenüber anderen Hunden einzuhalten und mit den Jahren souverän selbst Grenzen zu setzen. Dies führt dazu, dass diese Hunde fair miteinander umgehen und nicht verletzend beißen. Um als Leitmenschen „Spielgruppen" richtig einschätzen zu können, müssen wir die Sprache der Hunde kennen.

Lesen Sie zum Thema „zu wenig Kontakt zu anderen Hunden" auch das Kapitel „Die übersehene Qual". Zudem finden Sie im Kapitel „Lesens- und erlebenswert" viele gute Bücher, in denen Sie Ihr Wissen zur Sprache der Hunde intensivieren können.

Ausschließen von Hunden

Wie wir wissen, wollen Hunde eng mit ihren Menschen zusammenleben. Das bedeutet, dass sie den Alltag mit uns gemeinsam verbringen wollen. Und dazu gehört, dass sie beispielsweise auch beim Essen, wenn wir Gäste haben oder nachts, wenn wir schlafen gehen, in unserer Nähe sein möchten. Schließen wir unsere Hunde davon aus, fühlen sie sich ausgegrenzt. Das ist nicht notwendig. Unsere Hunde können immer und überall dabei sein, wenn wir ihnen souverän und geduldig beigebracht haben, im Körbchen zu bleiben. (Lesen Sie dazu auch das Kapitel „Freio".)

Elektrohalsband (Teletak)

Interessant ist, dass der Erwerb von Elektrohalsbändern in Deutschland erlaubt, aber ihr Einsatz verboten ist. In meinen Augen ist das perfide. Gerne wird damit geworben, dass diese Elektrohalsbänder dem Hund weder Schmerzen noch Verletzungen zufügen. Man könne dies selbst am eigenen Arm ausprobieren. Der Arm ist nicht der Hals. Am Hals verlaufen neben den Hauptschlagadern und dem Kehlkopf viele Nerven. Somit kann das Elektrohalsband sehr wohl zu Schmerzen und je nach eingestelltem Stärkegrad zu Verletzungen führen. Darüber hinaus wird auch hier die Bindung zwischen Mensch und Hund nachhaltig gestört oder sogar zerstört. Auch kann es zu einer Fehlverknüpfung kommen. Wenn Ihr Hund in dem Moment, in dem er den Stromschmerz spürt, ein Kind, einen Jogger, ein Auto, Fahrrad oder Ähnliches sieht, kann er den Schmerz mit dem Gesehenen verknüpfen und ein neues Problem ist geboren. Der Hund wird von nun an das Gesehene als gefährlich einstufen und entsprechend reagieren. Menschen, die Teletaks einsetzen, gehören strafrechtlich verfolgt. Abschließend sei noch gesagt, auch der Einsatz von Wassersprüh- oder Dampfsprühhalsbändern kann zu Fehlverknüpfungen führen. Der Einsatz dieser oder ähnlicher Geräte kann keine vernünftige Schulung oder Verhaltenstherapie ersetzen.

Brüllen

Wenn wir wissen, wie die Sinne unserer Hunde ausgestattet sind, ist es für uns selbstverständlich, dass wir unsere Hunde nicht anschreien. Lassen Sie uns das Ansprechen unserer Hunde perfektionieren: Sprechen Sie Ihren Hund in Ihrem häuslichen Umfeld flüsternd an. Auch dann, wenn er Sie nicht anschaut. (Lesen Sie dazu auch das Kapitel „Die Ohren".) Sie werden schnell beobachten, dass Ihr Hund Sie trotz der geflüsterten Ansprache hört, reagiert und zunehmend aufmerksamer wird. Dementsprechend brauchen Sie draußen – trotz höherer Umweltgeräusche – nur eine „normale" Tonlage, um Ihren Hund anzusprechen. Denn Hunde besitzen die besondere Fähigkeit, die ihnen bekannte Stimme aus den Umweltgeräuschen herauszuhören und sich auf sie zu konzentrieren. Testen Sie, bis zu welcher Entfernung Ihr Hund Sie in „normaler" Tonlage hört. Sie werden feststellen, selbst beim Regulieren erreichen Sie Ihren Hund eher mit einer Kombination aus aufrechtem Gang, Körperspannung sowie einer klaren, bestimmten Ansprache in „normaler" Lautstärke. Das Anbrüllen von Hunden ist Gewalt. Ihre Wirkung reicht von Verunsicherung über Verängstigung bis hin zu dauerhaftem Stress, der einen erhöhten Cortisolausstoß mit sich führt. Der dadurch veränderte Hormonhaushalt kann Organe mit der Zeit nachhaltig schädigen und krankhaft verändern.

Einsatz von Medikamenten

Sie werden jetzt denken, dass es selbstverständlich ist, dass Medikamente bei Hunden nur im Krankheitsfall und nach Absprache mit dem/der Tierarzt/Tierärztin oder dem/der Tierheilpraktiker/in eingesetzt werden. Dem ist leider nicht so. Noch vor kurzem wurde mir von Tierrechtsaktivisten belegbar mitgeteilt, dass es eine Hundeschule gibt, die in einer Welpengruppe Hunde mit einem Medikament reguliert. Zum Hintergrund: Junge Hunde kauen mitunter gerne mal an der Leine oder an Schuhen. Das hat zum Einen damit zu tun, dass wir die Leine bzw. die Schuhe ständig anfassen oder tragen. Deshalb riechen sowohl Leine als auch Schuhe intensiv nach uns – also dem geliebten Menschen, dem man vertraut. Auch kauen junge Hunde gerne mal aus Langeweile oder Übermut an der Leine oder den Schuhen. In solch einem Fall reicht es vollkommen aus, den Hund zu ignorieren oder wenn sein Verhalten zu intensiv ist, mit einem kleinen liebevollen Schubser von der Leine oder den Schuhen zu entfernen. Der Hund wird dann das Verhalten sofort unterlassen, da er keinen Konflikt mit seinem Menschen eingehen will. Wenn ein Hund aus Langeweile an den Schuhen kaut, kann man auch ein Tauschgeschäft mit ihm eingehen: Man nimmt ihm die guten Pumps weg und überlässt ihm dafür einen alten Turnschuh. In dem von Tierrechtsaktivisten belegten Fall setzte die Hundeschule bei den jungen Hunden eine Bronchialsalbe aus der Humanmedizin ein. Also eine Salbe, die mit Eukalyptus, Menthol,

Teebaumöl und Chemikalien ausschließlich zur äußeren Anwendung beim Menschen Verwendung findet. Diese Hundeschule forderte die Teilnehmer ihrer Welpengruppe auf, die Leine oder die Schuhe mit dieser Bronchialsalbe einzureiben. Das hatte zur Folge, dass die Hunde, diese Salbe über ihre sensiblen Lefzen, ihren sensiblen Hals-Nasen-Rachenraum aufnahmen und schluckten. Mir ist es nach wie vor absolut unverständlich, dass Menschen, die eine Verantwortung für ihre Hunde haben, solch einer Tierschutz relevanten und Körper verletzenden Aufforderung nachkommen. Die Tierrechtsaktivisten haben selbstredend einen Strafantrag gestellt.

Würgen mit Halsband oder Leine

Wie schon beschrieben, ist der Hals beim Hund (wie beim Menschen) ein sehr sensibler Bereich. Hier befinden sich Kehlkopf, Nerven und Halsschlagadern. Das Abdrücken oder Würgen am Hals versetzt die Hunde in Atemnot und – durch den Druck auf die Halsschlagadern – in das Gefühl der Todesangst. Genau an dieser Stelle reagieren Hunde in der Regel anders als wir Menschen. Hunde ergeben sich nach kurzer Zeit ihrem Schicksal und verharren. Dies machen sich sogenannte Hunde-Experten zunutze, die Hunde mit Halsband, Leine oder Ähnlichem in der Ausbildung würgen. Nach solch einer Tortur will – unabhängig, um welches Thema es geht – jeder Hund in Zukunft die Todesangst vermeiden und dementsprechend alles tun bzw. nicht tun, um dieses Ziel zu erreichen. Was dabei unerwähnt bleibt, ist, dass der Hund auf diese Weise traumatisiert wurde und jegliches Vertrauen zu seinem Menschen verloren hat. Denn dieser hat entweder selbst gewürgt oder dabei gestanden und nicht helfend eingegriffen, als der Hund gewürgt wurde.

§ 17 Tierschutzgesetz:

Mit Freiheitsstrafe bis zu drei Jahren oder mit Geldstrafe wird bestraft, wer [...] einem Wirbeltier

a) aus Rohheit erhebliche Schmerzen oder Leiden oder
b) länger anhaltende oder sich wiederholende Schmerzen oder Leiden zufügt.

RÜCKRUF UND REGULIEREN.

Nicht selten kann man an Hundewiesen beobachten, wie Menschen lautstark und immer wiederholend nach ihren Hunden rufen. Mal den Namen „Rex Rex Reeeeeeex Reeeeeeeeeeeeeeeeeeeeeeeeex" oder mit einem Rückrufwort „Zu mir Zuuuuuu miiiiiiir Zuuuuuuuu miiiiiiiiiiiiiiiiiiiiiir". Das eine wie das andere sehr laut, aber mit recht wenig Erfolg. Die Hunde zeigen sich unbeeindruckt und versichern sich von Zeit zu Zeit, ob ihr Mensch weiter fleißig durch Rufen signalisiert, dass er noch da ist und gehen ihrer aktuellen Lieblingsbeschäftigung weiter nach.

Versachlicht betrachtet, ist es natürlich unsinnig, eine Spezies dauerhaft lautstark zu rufen, die uns mit allen Sinnen weit überlegen ist.

Gehen Sie davon aus, dass jeder Hund seinen Menschen hört. Dass ein Hund die Position seines Menschen – auch wenn sie sich verändert – jederzeit genau im Blick hat. Ein Hund wird sogar eine Zeit-Raum-Berechnung anstellen, um im letzten Moment – bevor sein Mensch zu weit weg ist – mit einem Spurt oder schnellen Trab die Distanz wieder zu verkürzen. Denn die meisten Hunde wollen nicht im Wald oder im Park allein bleiben. Die warme Wohnstube und der volle Napf sind da schon viel attraktiver.

Und darum geht es: Wir „Leitmenschen" müssen den „Rückruf" für unsere Hunde attraktiv gestalten.

So attraktiv, dass unsere Hunde bei der Entscheidung, ob sie dem Rückruf folgen sollen oder lieber bleiben und ihrer aktuellen Lieblingsbeschäftigung nachgehen, sich immer für uns entscheiden.

Wie wir wissen, sind Hunde fühlende und denkende Wesen. Sie empfinden dieselben Emotionen wie wir Menschen und können komplexe Entscheidungen treffen. Zum Beispiel ihren Menschen – bevor er sich auf das Sofa legt und wie erstarrt auf die rechteckige Kiste schaut – so zu manipulieren, dass es vorher etwas zu essen gibt. Und danach dafür zu sorgen, dass der Mensch sich so auf dem Sofa platziert, dass noch ausreichend Platz für unseren vierbeinigen Freund ist und er sich bequem an seinen Menschen ankuscheln (Kontaktliegen) kann.[5]

Der positive Verstärker wird positiv eingesetzt.[6]

Das sind Strategien, die unsere Hunde erlernt – zum Teil selbst erlernt haben – sowie selbstständig geübt wurden. Und das tun unsere Hunde, weil sie die Fähigkeiten dazu haben und hoch motiviert sind, es umzusetzen. Dabei ist die Motivation hier offensichtlich: Der volle Napf und das gemütliche Kuscheln (Kontaktliegen) mit seinem Menschen. Wir sprechen dann von einem positiven Verstärker. Hier sind die positiven Verstärker der volle Napf und das

---

[5] BLOCH, Günther: *Der Wolf im Hundepelz. Hundeerziehung aus unterschiedlichen Perspektiven.* Aufl. 1, Franckh Kosmos Verlag, 2004, S. 44 ff.
[6] BLOCH, Günther: *Der Wolf im Hundepelz.* a. a. O., S. 98 ff.

Kuscheln. Und: Diese positiven Verstärker werden positiv eingesetzt. Also gibt es für die Manipulation des geliebten Menschen einen vollen Napf und eine Kuscheleinheit.

Natürlich kann ein positiver Verstärker auch eine liebevolle Stimme oder die streichelnde Hand sein. Auch kann ein schönes Spiel als positiver Verstärker genutzt werden. Es muss nicht immer das Leckerchen sein.

Schauen Sie einfach, was Ihrem Hund am besten gefällt. In der Regel ist es eine Kombination von verschiedenen positiven Verstärkern. – Meine Hunde bekommen am Anfang des Übens ein ganz besonderes Leckerchen und mit den Übungswochen werden es immer weniger Leckerchen und ich gehe nach und nach dazu über, mit meiner Stimme oder meiner Hand zu belohnen.

Der positive Verstärker wird negativ eingesetzt.[7]

Wir können einen positiven Verstärker auch negativ einsetzen. Ich teile meinem Hund mit, dass er in sein Körbchen gehen soll. Zuvor lasse ich meinen Hund an einem Leckerchen riechen. Der Deal ist klar: Gehst du in dein Körbchen, bekommst du das Leckerchen von mir. Der Hund geht ins Körbchen und wird mit dem Leckerchen belohnt. Der positive Verstärker wird positiv eingesetzt.

---

[7] BLOCH, Günther: *Der Wolf im Hundepelz.* a. a. O., S. 98 ff.

Geht der Hund aber nicht ins Körbchen, bekommt er das Leckerchen nicht. Wir lassen ihn nochmal am Leckerchen schnuppern und deuten an, dass das Leckerchen sein Preis gewesen wäre, wenn er ins Körbchen gegangen wäre. Somit wurde der positive Verstärker negativ eingesetzt. Jetzt fordern Sie Ihren Hund erneut auf, ins Körbchen zu gehen und wenn er es jetzt umsetzt, wird er mit dem Leckerchen belohnt. Sie haben den positiven Verstärker nun positiv eingesetzt. Und Ihr Hund hat gelernt, die Aufforderung „Körbchen" umzusetzen.

Das Ganze funktioniert aber nur, wenn zwischen der Belohnung (positiver Verstärker) und der guten Tat nicht mehr als drei Sekunden liegen. Andernfalls wird Ihr Hund die gute Tat und die Belohnung nicht miteinander verknüpfen.

Dopamin macht uns und unsere Hunde glücklich.[8]

Das Üben mit einem positiven Verstärker zielt auf das Belohnungszentrum im Gehirn Ihres Hundes. Hier wird durch diesen positiven Verstärker unter anderem der Botenstoff Dopamin ausgeschüttet, der dafür sorgt, dass sich Ihr Hund glücklich fühlt.

Im Übrigen sorgt Dopamin unter anderem auch dafür, dass Hunde jagen. Denn das Hetzen hinter

---

[8] MATTHEWS, Nadin: *Auf der Jagd nach dem großen Gefühl. Unerwünschtes Jagdverhalten.* URL http://dogument.de/downloads/dogument_Auf_der_Jagd.pdf Stand: 22.10.2015

jagdbaren Tieren macht dank Dopamin glücklich. Somit jagen Hunde hinter dem großen Gefühl „Glücklichsein" her. So wie wir Menschen in der ersten Phase des Verliebtseins. Auch in dieser Phase ist unter anderem das Dopamin dafür zuständig, dass wir uns glücklich fühlen.

Zurück zu unseren Hunden: Dopamin kann süchtig machen. Und das machen wir uns zu Nutze, wenn wir das Belohnungszentrum unserer Hunde erreichen wollen, damit sie abrufbar sind. Hunde müssen einen Dopaminausstoß spüren – also sich glücklich fühlen – wenn sie von uns gerufen werden, um dann genau aus diesem Grund zu uns zurück zu kommen.

Zugegebenermaßen wird es ganz schwierig, einen Hund, der schon unter Dopamin steht, abzurufen. Zum Beispiel einen Hund, der bereits im Jagd- und Hetzmodus ist. Um diese Situationen händeln zu können, braucht es ein „Antijagdtraining". Dieses müsste eigentlich Jagdtraining heißen. Warum, wird von Pia Gröning und Ariane Ullrich sehr anschaulich im Buch „Antijagdtraining"[9] beschrieben.

Wie wir das Belohnungszentrum unserer Hunde erreichen ...

... und es mit dem richtigen Üben schaffen, dass unsere Hunde verlässlich rückrufbar sind:

---

[9] ULLRICH, Ariane und GRÖNING, Pia: *Antijagdtraining. Wie man Hunde vom Jagen abhält..* Aufl. 10, MenschHund Verlag, 2015.

Schritt 1

Finden Sie heraus, auf welches Super-Leckerchen (positiver Verstärker) Ihr Hund voll abfährt. Nehmen Sie bitte kein gekauftes Leckerchen. Seien sie kreativ und basteln Sie sich ihr Super-Leckerchen selber zusammen. Legen Sie beispielsweise eine ungewürzte Fleischwurst gemeinsam mit einem Stück Käse in eine luftdicht verschließbare Dose. Diese lassen Sie dann über Nacht außerhalb des Kühlschranks stehen. So nimmt die Fleischwurst den Geruch des Käses an. Alternativ können Sie statt Käse auch Fisch nehmen. Dann kredenzen Sie die neue Wurst-Käse-Komposition Ihrem Hund. Sie werden es an der Reaktion Ihres Hundes sehen, ob dieser selbstgebastelte positive Verstärker das neue Super-Leckerchen ist.

Schritt 2

Nutzen Sie den neuen positiven Verstärker nur zum Üben. Dieses Üben können Sie in den Schritten 3 bis 5 bei sich zu Hause oder im Garten durchführen. Wenn Sie es in der freien Natur machen möchten, sorgen Sie bitte dafür, dass Sie und Ihr Hund ungestört bleiben und nicht abgelenkt werden. Beachten Sie bitte zudem das Generalisieren. (Lesen Sie dazu auch das Kapitel „Generalisieren".)

Schritt 3

Suchen Sie sich ein gutes Rückruf-Wort. Ich rufe meine Hunde mit HIER HIN. Sicherlich werden die Germanisten unter Ihnen zusammenzucken und denken, was denn jetzt? HIER oder HIN? Unsere

Hunde haben keine Uni besucht, zumindest keine menschliche. Unsere Hunde hören die hohen Selbstlaute sehr gut (Lesen Sie dazu auch das Kapitel „Die Ohren"). Damit bleiben von den Vokalen a e i o u nur die Buchstaben i und e übrig. Ich habe mich für HIER HIN entschieden, weil damit meine Hunde beim Rückruf kurz hintereinander zweimal das hoch gesprochene i hören.

Schritt 4

Ran ans Belohnungszentrum Ihres Hundes: Nehmen Sie sich 10 kleine Stücke des neuen Super-Leckerchens. (Dabei muss ein Stück nicht größer sein als ca. 6 x 6 mm. Sonst haben Sie später einen gut geschulten aber übergewichtigen Hund. Es macht also Sinn, die Menge der Leckerchen von den normalen Mahlzeiten abzuziehen.) Alle Stücke legen Sie sich in eine Hand. Diese Hand bleibt jetzt immer hinter Ihrem Rücken. Ihr Hund, der vor Ihnen steht, soll die Hand mit den Super-Leckerchen nicht sehen. Jetzt nehmen Sie mit der anderen Hand ein Stück Super-Leckerchen nach vorne und geben es Ihrem Hund mit den Worten HIER HIN. Ihr Hund muss dafür nichts tun. Wenn Ihr Hund das Super-Leckerchen runtergeschlungen hat, gehen Sie genau so mit dem nächsten Stück Super-Leckerchen vor, bis alle 10 Stücke von Ihrem Hund unter dem Rückrufwort HIER HIN verschlungen wurden.

Schritt 5

Jetzt gehen Sie fast genau so vor wie in Schritt 4. Es gibt zwei Änderungen:

1.) Sie nehmen jetzt 5 Super-Leckerchen.

2.) Sie sagen immer dann, wenn Ihr Hund abgelenkt ist, das Rückrufwort HIER HIN und schieben das Super-Leckerchen in seinen Mund.

Ihr Hund ist dann abgelenkt, wenn er sich leicht mit dem Kopf oder seinen Augen von Ihnen abwendet. Das kann manchmal eine kleine Weile dauern. Seien sie geduldig.

Schritt 6

Den Schritt 5 wiederholen Sie jetzt täglich drei Mal mit jeweils 5 Super-Leckerchen. Dabei sollten zwischen den einzelnen Wiederholungen mindestens 3 Stunden liegen. Führen Sie das Ganze jetzt 7 Tage lang durch. Dann haben Sie die Gewissheit, dass Sie das Belohnungszentrum Ihres Hundes erreicht haben.

Vom Üben unter Schulungsbedingungen zum freien Üben.

Was beim Üben unter Schulungsbedingungen im Garten oder der Wohnung gut läuft, muss jetzt auch im Freien (freies Üben) – zum Beispiel auf der Wiese – geübt werden, damit sich das gute Verhalten festigt und auch unter Alltagsbedingungen umsetzbar ist. Bitte beim Üben nicht vergessen, „eine gute Leistung wird mit einem Super-Leckerchen innerhalb von 3 Sekunden belohnt."

Jetzt kommen vier neue Faktoren ins Spiel: Das Üben unter verschiedenen Entfernungen (1), Reizstärken (2), das Generalisieren (3) und das Regulieren (4).

Zur Entfernung:

Fangen Sie jetzt an, die Entfernung nach und nach zu erhöhen. Hat Ihr Hund in den Schritten 1 bis 5 noch vor Ihnen gesessen oder gestanden, beginnen Sie jetzt damit, ihn mit HIER HIN zu rufen, wenn er etwa einen Meter von Ihnen entfernt ist. Bleiben Sie bei dem gesamten Übungsprozess geduldig und überfordern Sie Ihren Hund nicht. Erhöhen Sie die Entfernung lieber nur Meter für Meter und Woche für Woche. So können Sie sicher sein, dass Ihr Hund abspeichert, was Sie von ihm wollen und das Erlernte nicht vergisst.

Zum Reiz[10]:

Als Reiz verstehen wir jeden Umwelteinfluss, der eine Wirkung auf Ihren Hund hat. Dabei muss diese Wirkung nicht sichtbar sein. Manchmal können Reize eine Wirkung bei Hunden erst nach Wochen oder Monate zeigen. Im Übrigen ist das bei Menschen nicht anders. Ein Beispiel: Wenn ein Hund dauerhaft einer leicht erhöhten Lautstärke durch Musik ausgesetzt ist, sehen wir erst einmal keine besondere Wirkung. Dieser erhöhte Geräuschpegel kann aber den Ausstoß des Stresshormons Cortisol erhöhen.

---

[10] HOROWITZ, Alexandra und WISSMANN, Jorunn: *Was denkt der Hund? Wie er die Welt wahrnimmt – und uns.* Spektrum Akademischer Verlag, 2010, S. 63 ff.

Und ein dauerhafter Ausstoß von Cortisol kann sich negativ auf die Organe des Hundes auswirken und somit krank machen. Oder der dauerhaft erhöhte Geräuschpegel sorgt dafür, dass die Frustrationstoleranz eines Hundes merklich heruntergesetzt wird.

Beim Üben mit Ihrem Hund geht es nun darum, dass Ihr Hund in den ersten Wochen des freien Übens keinem Reiz ausgesetzt wird, der ihn ablenkt. Dabei lässt sich eine reizfreie Übungssituation kaum herstellen, weil unsere Welt laut ist. Aber eine fast reizfreie Situation sollte am Anfang des freien Übens schon vorhanden sein.

Also üben Sie bitte in den ersten Wochen nicht an Straßen, Spielplätzen oder Hundewiesen oder in ähnlichen Bereichen, in denen Ihr Hund abgelenkt werden könnte. Wenn Sie nach ca. 2 bis 3 Wochen das Gefühl haben, dass der Rückruf im reizfreien Bereich sitzt, können Sie – langsam steigernd – Übungsbereiche suchen, die durch erhöhte Reize Schritt für Schritt anspruchsvoller werden. Dies setzen Sie fort, bis der Rückruf HIER HIN perfekt von Ihrem Hund umgesetzt wird. Bedenken Sie dabei, Luft nach oben gibt es immer. Und: Geübt werden muss ein Leben lang – insbesondere wenn Ihr Hund sich in der Umsetzung des Rückrufs schleichend verschlechtert.

Zum Generalisieren[11]:

---

[11] BOSCH, Jana: *Trainingstipp Generalisierung.* URL http://blog.assistenzhunde-zentrum.de/?p=141 Stand: 22.10.2015

Sie brauchen verschiedene Bereiche, in denen Sie mit Ihrem Liebling üben können. Mal üben Sie in dem einen Bereich, mal in dem anderen Bereich. Denn wenn Sie immer an derselben Stelle üben, könnte Ihr Hund auf die Idee kommen, dass er nur an dieser einen Stelle abrufbar sein muss. Weitere Informationen zum Thema „Generalisieren" finden Sie im Kapitel „Generalisieren".

Zum Regulieren[12]:

Natürlich ist es so, dass wir alle – Hunde und Menschen – mal gute und mal weniger gute Tage haben. So werden Sie beim Üben Tage erleben, an denen Ihr Hund sich mit dem Umsetzen des Rückrufs schwer tut. In diesen Situationen geht es dann darum, Ihren Hund richtig anzuleiten. Gewaltfrei, souverän und freundlich, aber klar in Ihrer Körpersprache.

Legen Sie Ihrem Hund dabei bitte ein Geschirr an und kein Halsband. Mein Tipp: Für Hunde, die es erlernt haben, aus einem Geschirr heraus zu kommen, gibt es Geschirre mit drei Leibbändern, die „ausbruchsicher" sind. Ist das Geschirr angelegt, können Sie es als „Henkel" nutzen, um gegebenenfalls mit einem Griff ins Geschirr Ihren Hund zu regulieren – ähnlich wie die Hundemama ihre Welpen reguliert und situativ abtransportiert.

---

[12] BLOCH, Günther: *Der Wolf im Hundepelz.* a. a. O., S. 98 ff.

Beispiel: Sie rufen Ihren Hund mit HIER HIN, er ignoriert Sie und kommt nicht zu Ihnen. Dann rufen Sie ihn ein zweites Mal. Versuchen Sie, beim zweiten Rückruf freundlich und hoch genug zu klingen. Ihr Hund ignoriert Sie immer noch? Dann gehen Sie aufrecht und mit forschem Schritt und ohne etwas zu sagen auf Ihren Hund zu, fassen in sein Geschirr und transportieren ihn dahin, wo er selbständig nach Ihrem Rückruf hinkommen sollte. Das ist sicherlich bei kleinen, leichten Hunden einfacher als bei großen, schweren Hunden. Sie sollen Ihren Hund auch nicht liebevoll tragen. Er darf auch die Füße auf dem Boden haben. Schaffen Sie Ihren Hund nur zügig, klar und ohne Worte dahin, wo er von sich aus nicht hingegangen ist. Haben Sie dies umgesetzt, üben Sie mit Ihrem Hund entspannt weiter.

Sinn macht es jetzt, die Distanz zwischen Ihnen und Ihrem Hund vor dem nächsten Rückruf zu verringern. Das macht es Ihrem Hund leichter und Sie kommen wieder schneller in ein positives Üben. Versichern Sie sich auch, dass es keinen neuen, unerwarteten Reiz gibt, der zumindest an diesem Tag Ihnen und Ihrem Hund das Leben sprich Üben schwer macht.

Der negative Verstärker wird negativ eingesetzt.[13]

---

[13] BLOCH, Günther: *Der Wolf im Hundepelz.* a. a. O., S. 98 ff.

Dieses Abtransportieren, also Regulieren mit dem Geschirr, ist ein negativer Verstärker der negativ eingesetzt wird. Ihr Hund wird das nicht mögen und wird danach ein Verhalten zeigen, das diese Regulierung vermeidet. Da unsere Hunde intelligente Strategen sind, werden sie sich auch dank Dopamin schnell erinnern, dass es für sie weitaus erfolgreicher und schöner ist, Ihrem Rückruf zu folgen. Sie werden feststellen, dass Sie Ihren Hund im Laufe der Zeit und des intensiven regelmäßigen Übens immer seltener regulieren – also den negativen Verstärker „Regulierung durch Abtransport" durchführen, sprich negativ einsetzen – müssen.

Der negative Verstärker wird positiv eingesetzt.[14]

Sie werden es schon gemerkt haben, nach dem positiven Verstärker positiv eingesetzt, dem positiven Verstärker negativ eingesetzt und dem negativen Verstärker negativ eingesetzt, fehlt jetzt nur noch der negative Verstärker positiv eingesetzt.

Sie setzen den negativen Verstärker folgendermaßen positiv ein: Sie rufen Ihren Hund mit HIER HIN. Er kommt nicht. Sie rufen ihn erneut. Kommt er dann immer noch nicht, bauen Sie Körperspannung auf und gehen straff und zügig 3 Schritte auf Ihren Hund zu. Bewegt er sich jetzt in Ihre Richtung, ändern Sie sofort Ihr Verhalten. Ihre Körperhaltung entspannt sich, Sie bleiben stehen und belohnen Ihren Hund überschwänglich, wenn er bei Ihnen ist.

---

[14] BLOCH, Günther: *Der Wolf im Hundepelz.* a. a. O., S. 98 ff.

(Kommt Ihr Hund nicht zu Ihnen, setzen Sie den negativen Verstärker negativ ein und transportieren Ihren Hund wie beschrieben ab.)

Sie haben Ihrem Hund signalisiert, komm zu mir, sonst komme ich zu dir und hole dich. Ihr Hund hat das verstanden und ist gekommen. Der negative Verstärker „Abtransport" wurde von Ihnen positiv eingesetzt, weil Sie ihn nur angedeutet, aber nicht durchgeführt haben. Frei nach der These „ich weiß, dass ich es könnte und du weißt, dass ich es könnte", also lassen wir es sein und du kommst zu mir und alles ist gut. Und sofort bewegt sich alles wieder im positiven Bereich. Die Situation ist sofort wieder entspannt und Mensch wie Hund fühlen sich wohl.

Ganz wichtig ist mir noch Folgendes: Gemeinsames Üben schafft Nähe, Vertrautheit und wir Menschen werden für unsere Hunde berechenbar. Anders ausgedrückt, es entwickelt sich eine schöne Bindung zwischen Hund und Leitmensch. Und eben nicht nur eine Beziehung.

NOTRUF.

Auch wenn wir mit unserem Hund noch so gut den Rückruf üben und alles richtig machen, kann es zu Situationen kommen, in denen ein Hund nur noch schwer abrufbar ist. Wir kennen das alle, ein aufge-scheuchtes Kaninchen, die läufige Hundedame oder eine reizvolle Hunde-Spielgruppe auf der anderen Seite der Straße können es unserem Hund schwer machen, nach unserem Rückruf-Signal die richtige Entscheidung zu treffen – also die richtige Ent-scheidung in unserem Sinne. In diesen Fällen ist es gut, einen sogenannten Notruf eingeübt zu haben. Denn dieser ist für unsere Hunde so attraktiv, dass alles andere liegen gelassen und in hohem Tempo zu uns Leitmenschen gelaufen wird.

Solch ein Notruf darf nur selten angewendet wer-den, da er sonst den Reiz für den Hund verliert – also wirklich nur in Notfällen. Als Faustregel gilt ma-ximal zweimal im Monat. Ebenfalls wichtig ist das perfekte Timing. Das heißt, in einer Notsituation darf mit dem Notruf nicht zu lange gewartet werden. Wenn Sie sehen, es könnte eine Situation entste-hen, die Ihren Hund in eine Notlage bringen könnte, vertrauen Sie Ihrer Wahrnehmung und Ihrem Bauchgefühl und nutzen Sie den Notruf.

So üben Sie den Notruf richtig ein:

Als allererstes brauchen Sie ein Notruf-Leckerchen. Kein gekauftes, sondern ein selber zubereitetes, das Ihr Hund noch nie genossen hat und das auch ausschließlich für den Notruf genutzt werden darf.

Die Zubereitung eines Notruf-Leckerchens sieht folgendermaßen aus: Sie nehmen ein Stück Fleisch oder Wurst, das Sie Ihrem Hund noch nie gegeben haben. Braten Sie das gewählte Stück Fleisch oder die Wurst in Butter in der Pfanne. Machen Sie ruhig eine größere Menge. Das, was Sie nicht sofort nutzen, können sie einfrieren. So halten Sie immer eine Ration Notruf-Leckerchen im Gefrierfach bereit.

Ausgestattet mit diesem Notruf-Leckerchen geht es dann in eine reizfreie Gegend. Also auf eine Wiese ohne spielende Hunde und sonnende Kaninchen oder äsende Rehe. Zusätzlich zum Notruf-Leckerchen brauchen Sie am ersten Tag eine Person Ihres Vertrauens, die Sie unterstützt. Vom zweiten Übungstag an können Sie dann mit Ihrem Hund ohne weitere Unterstützung von Dritten üben.

Und ganz wichtig: Sie brauchen ein gutes Notrufsignal. Das kann ein Pfiff mit einer Pfeife sein, wenn Sie diese ausschließlich für den Notruf verwenden und auch vorher noch nie benutzt haben. Wenn Sie sich für diese Variante entscheiden, sollten Sie diese Pfeife in Zukunft immer bei sich tragen. Alternativ können Sie natürlich auch auf den Fingern pfeifen. Aber natürlich ebenfalls nur, wenn Sie diesen Pfiff nur für den Notruf nutzen und sonst nicht. Die meisten Menschen entscheiden sich für ein Kunstwort, das sonst NIE gesprochen oder gerufen wird. Hier eine kleine Auswahl der Notruf-Kunstworte, die ich in den letzten Jahren so gehört habe: Mäuselschwein, Rosensprinter, Inselfänger oder Rindenbecher. Sie sehen, Ihrer Fantasie sind keine Grenzen gesetzt.

Tag 1: Die Person, die Sie unterstützt, hält Ihren Hund an einer Schlepp- oder Flexileine bei sich. Bitte die Leine dabei nicht am Halsband befestigen, sondern an einem guten Brustgeschirr, das keine Druckstellen hinterlässt und ausbruchsicher ist. Dann entfernen Sie sich ca. 10 Meter von der Person und Ihrem Hund. Jetzt nehmen Sie sich ein Stück von dem Notruf-Leckerchen, das gerne die Größe einer Zwei-Euro-Münze haben darf und gehen damit zu Ihrem Hund. Die Person, die Sie unterstützt, hält Ihren Hund dabei nach wie vor an der Leine fest. Lassen Sie Ihren Hund einige Sekunden an dem Notruf-Leckerchen riechen und lecken. Nur verschlingen soll Ihr Hund das Notruf-Leckerchen nicht. Jetzt entfernen Sie sich wieder ca. 10 Meter von Ihrem Hund und der unterstützenden Person. Dann rufen Sie Ihren Hund freundlich mit dem ausgewählten Kunstwort oder mit einem Pfiff. Wiederholen Sie dies einige Male, damit Ihr Hund das Kunstwort beziehungsweise den Pfiff mit dem Notruf-Leckerchen verknüpft.

Im günstigsten Fall versucht Ihr Hund unter Ihren Rufen oder Pfiffen an das Leckerchen zu kommen und zieht an der Leine – was in diesem Fall ausnahmsweise erwünscht ist. Die unterstützende Person lässt jetzt Ihren Hund ein Stück auf Sie zulaufen und bremst ihn nach etwa fünf Metern mit der Leine. Währenddessen rufen oder pfeifen Sie weiter und locken dabei mit dem Notruf-Leckerchen. Kurz nachdem die unterstützende Person Ihren Hund gestoppt hat, lässt sie die Leine ganz locker, damit Ihr Hund zu Ihnen laufen kann und das Notruf-Leckerchen bekommt. Geben Sie ihm ruhig noch ein zweites Leckerchen. Dabei sind Sie euphorisch, streicheln Ihren Hund und loben ihn als hätte er gerade gleichzeitig die Weltmeisterschaft im Fußball, im Tischtennis und in Rhythmischer Sportgymnastik gewonnen.

Das ganze Prozedere wiederholen Sie bitte noch viermal. Bei wenigstens vier von den insgesamt fünf Durchgängen muss Ihr Hund maximal begeistert zu Ihnen kommen. Erreichen Sie diesen Wert nicht, liegt es höchstwahrscheinlich am Leckerchen. Sie müssen also noch einmal in die Leckerchen-Zauberküche, um ein neues Notruf-Leckerchen zu kreieren, das mit dem zuerst genutzten Notruf-Leckerchen nichts gemein hat. Und: Natürlich sollte Ihr Hund während des Übens hungrig sein. Füttern Sie ihn also mindestens sechs Stunden vor der Übungseinheit nicht.

Gehen wir davon aus, dass Ihr Hund vier- oder fünfmal begeistert zu Ihnen gekommen ist, dann geht es folgendermaßen weiter: Sie können jetzt ohne Unterstützung weiterüben. Führen Sie Ihren Hund an der Schlepp- oder Flexileine. Gehen Sie mit Ihrem Hund auf der ausgewählten Wiese ca. zehn Minuten spazieren. Während dieses Spaziergangs rufen Sie etwa alle zwei Minuten Ihren Hund mit dem Notruf-Kunstwort beziehungsweise pfeifen

Sie nach ihm – je nachdem für was Sie sich entschieden haben. Rufen Sie am besten immer dann, wenn Ihr Hund Sie gerade einmal nicht anschaut und seine Nase schnüffelnd auf dem Boden hat. Bitte gehen Sie auch bei diesem Übungsschritt reizfrei vor, also ohne Ablenkung. Wenn Ihr Hund auch jetzt jedes Mal begeistert zu Ihnen kommt, mit Freude das Notruf-Leckerchen verschlingt und Ihre Streicheleinheiten sowie freundlichen Worte entgegennimmt, ist DER Notruf geboren. Natürlich hat Ihr Hund den Notruf zu diesem Zeitpunkt noch nicht ausreichend verinnerlicht, aber die Basis ist geschaffen. Jetzt liegen noch sechs Übungswochen vor Ihnen.

Tag 2: An diesem Tag beginnt die erste Übungswoche. In dieser – wie auch in den folgenden Wochen – wird reizfrei oder nahezu reizfrei geübt. In der ersten Woche rufen Sie Ihren Hund während Ihrer Hunderunde viermal am Tag mit dem Notruf-Kunstwort oder Pfiff. Für jedes Kommen erhält Ihr Hund sein Notruf-Leckerchen und alle Freundlichkeiten von Ihnen.

In der zweiten Übungswoche führen Sie das Ganze nur noch dreimal am Tag durch und machen am siebten Tag der Woche eine Übungspause. In der dritten Woche üben Sie zweimal am Tag und machen – wie schon in der Woche zuvor – am siebten Tag der Woche eine Pause. In der vierten Woche üben Sie nur noch einmal am Tag und machen wiederum am siebten Tag eine Übungspause. In der fünften Woche üben Sie mit Ihrem Hund nur noch jeden zweiten Tag einmal. Und in der sechsten Übungswoche nur noch an zwei Tagen mit jeweils einem Notruf-Leckerchen.

Es wird Ihnen bereits aufgefallen sein, dass der Notruf seine Attraktivität für Ihren Hund aus drei verschiedenen Komponenten erhält:

1. Es ist das unbekannte, tolle Notruf-Leckerchen.

2. Ihre besondere Freundlichkeit und Aufmerksamkeit

3. Die Exklusivität. Denn von Woche zu Woche wird das Notruf-Leckerchen immer seltener eingesetzt. Und somit wird die Motivation für Ihren Hund immer größer, alles dafür zu tun, um Ihr besonderes Zugewandsein zu erleben und natürlich das großartige Notruf-Leckerchen zu erhalten.

Nach den sechs Übungswochen geht es folgendermaßen weiter: Sie nutzen den Notruf bitte nach Möglichkeit nicht öfter als zweimal im Monat. Dabei brauchen Sie von nun an das Notruf-Leckerchen nicht mehr dabei zu haben. Wenn Sie den Notruf einsetzen mussten, loben Sie Ihren Hund überschwänglich mit Ihrer Stimme und Ihren Händen. Danach machen Sie Ihren Hund an der Leine fest und entfernen sich aus dem Reizgebiet. Nun bleibt Ihr Hund mindestens 30 Minuten an der Leine! Und nur, wenn Sie ein gutes Gefühl haben, Ihr Hund nicht mehr aufgeregt ist und Sie in einem reizfreien Gebiet sind, können Sie ihn wieder losmachen. Im Zweifel bleibt Ihr Hund an der Leine!

Spätestens am nächsten Tag – viel besser noch am selben Tag des eingesetzten Notrufs – üben Sie den Notruf zweimal mit dem Notruf-Leckerchen. Damit stellen Sie sicher, dass Ihr Hund – obwohl er beim Einsatz des Notrufs kein Notruf-Leckerchen bekommen hat – weiterhin zuverlässig in einer Notsituation per Notruf abrufbar ist. Wenn Sie den Notruf nicht einsetzen müssen – und das ist natürlich wünschenswert – üben Sie den Notruf zweimal im Monat. Selbstverständlich mit dem Notruf-Leckerchen, dass Sie für alle Fälle immer in Ihrem Gefrierfach parat haben. Halten Sie sich bitte eng an diese Vorgaben und vernachlässigen Sie die zeitlichen Abläufe nicht. Dann haben Sie einen verlässlichen Notruf.

BLEIB.

Aus meiner Sicht ist es viel wichtiger, dass ein Hund in allen Situationen die Aufforderung „Bleib" umsetzt – also stehen bleibt – als ihn ins „Sitz" oder „Platz" zu bringen. Denn zum einen geht Stehenbleiben den Bruchteil einer Sekunde schneller als „Sitz" oder „Platz". Zum anderen gehe ich keinen unnötigen Konflikt mit meinem Hund ein, weil es beispielsweise sein könnte, dass er sich nicht auf den kalten oder feuchten Boden setzen oder legen will. Auch könnte es sein, dass ein Hund lieber im Stehen die Gegend beobachten möchte. Am Ende ist es auch nicht von Bedeutung, warum ein Hund sich nicht oder nur widerwillig setzen oder legen will. Fakt ist, die Aufforderung „Bleib" wird in fast allen Fällen nach dem Erlernen konfliktfrei und zügig umgesetzt. Dabei ist zu beachten, dass auch ein Hund erst einmal die Strecke vom Hören der Aufforderung über das Gehirn zur Wirbelsäule in die Beine umsetzen muss. Die Aufforderungen „Sitz" und „Platz" hingegen sind häufig Konflikt besetzt. Ist die Aufforderung „Platz" oder „Sitz" ausgesprochen und der Hund sträubt sich, werden Sie sich um diesen Konflikt bemühen müssen. Dann ist das eigentliche Thema – zum Beispiel, dass Ihr Hund ins „Sitz" sollte, um einen Jogger vorbeizulassen – nicht mehr vordergründig. Soll heißen, Sie arbeiten dann am „Sitz", nicht aber am Thema ruhig zu bleiben, wenn Jogger, Radfahrer, schreiende Kinder usw. vorbeikommen.

Zurück zum „Bleib". „Bleib" heißt für Ihren Hund, er soll stehen bleiben. Nicht mehr, aber auch nicht weniger. Denn es heißt, stehen bleiben in jeder Situation. Auch wenn Ihr Hund sich gerade von Ihnen wegbewegt, auf Sie zuläuft oder sonst wie beschäftigt ist. „Bleib" heißt auch, stehenbleiben, bis ich als Leitmensch sage, dass es weitergehen kann. Diese Aufforderung zum Weitergehen kennen meine Hunde in Form der zwei Begriffe „Fuß" und „Go".

„Fuß" heißt für den Hund, dass er weitergehen kann, aber in meiner Nähe bleiben muss. Dabei ist es für mich unerheblich, ob er ganz nah bei mir ist oder einen Meter Abstand hält. Genauso unerheblich ist es, ob er auf meiner Höhe geht, einen Meter vor oder hinter mir. Jeder Hund hat, was das betrifft, andere Vorlieben. Der eine mag es ganz eng, andere brauchen, um sich wohl zu fühlen, etwas Abstand oder gehen lieber etwas vor oder hinter ihrem Leitmenschen.

Gehe ich mit mehreren Hunden, hat jeder Hund eine von mir zugeordnete Position. Zum Beispiel geht bei 4 Hunden einer vorne links und einer vorne rechts, die anderen beiden jeweils dahinter. Nach dem „Bleib" fordere ich die Gruppe mit der Aufforderung „Go" auf, sich in der zugeordneten Position weiter fortzubewegen, während sie sich an mir orientieren.

Und so erlernt Ihr Hund das „Bleib":

Gehen Sie mit Ihrem Hund an der normalen Leine, sagen sie in normalem Ton und in normaler Lautstärke „Bleib" und bleiben dabei selbst stehen.

Nach einigen Tagen hat Ihr Hund das Stehenbleiben mit der Aufforderung „Bleib" verknüpft. Wenn Ihr Hund am Anfang Schwierigkeiten hat, das Stehenbleiben umzusetzen, beugen Sie sich mit der Aufforderung „Bleib" kurz zu ihm hinunter und stoppen ihn, indem Sie die flache Hand vor seinen Körper halten. Wenn er dann stehenbleibt, lächeln Sie ihn kurz entspannt an und richten sich auf. Natürlich loben und/oder belohnen Sie Ihren Hund, wenn er erfolgreich stehengeblieben ist. Bedenken Sie, dass Sie maximal drei Sekunden von der guten Tat bis zur Belohnung Zeit haben. Sonst verknüpft Ihr Hund die gute Tat nicht mit der Belohnung. Es sei denn, Sie fangen sofort nach der guten Tat an, ihn dauerhaft überschwänglich zu loben und mit diesem Loben rutschen Sie über die drei Sekunden hinaus, bis Sie die Belohnung mit einem Leckerchen beenden. Dann kommt es auch zu der gewünschten Verknüpfung. Dies nennt man eine fortgesetzte Handlung.

Jetzt können Sie auch schon anfangen, das Weitergehen mit der Aufforderung „Fuß" anzukündigen, um dann gemeinsam weiterzugehen. Auch hier wird Ihr Hund die Aufforderung „Fuß" schnell mit dem Weitergehen an Ihrer Seite verknüpfen.

Wenn Sie eine Hundegruppe haben, können Sie, nachdem die Hunde einzeln „Bleib" und „Fuß" erlernt haben, das Ganze mit „Bleib" und „Go" in der Gruppe fortsetzen. Haben Sie eine bestehende Hundegruppe, die die Thematik „Bleib" und „Go" beherrscht, ist es leicht, einen weiteren Hund nachträglich zu schulen. Nehmen Sie ihn dazu einfach mit, natürlich an der Leine, und fordern Sie Ihre Gruppe situativ auf, stehenzubleiben und nach einer kurzen Verweildauer weiterzugehen. Sie sollten wissen: Hunde lernen schneller von Hunden als von Menschen. So lernt Ihr neues Gruppenmitglied recht schnell, was erwünscht ist.

Ist Ihr Hund jetzt soweit, dass er mit der Aufforderung „Bleib" stehenbleibt, nehmen Sie in kleinen Schritten zunehmend eine längere Leine. Arbeiten Sie dabei nicht mit Leinenruck! (Lesen Sie dazu auch das Kapitel „Gewalt".) Das würde Ihren Hund verunsichern und führt nicht zum Ziel. Wenn Sie über das Ziel hinausgeschossen sind und die Leine zu lang ist, weil Ihr Hund sich jetzt mit der Aufforderung „Bleib" schwertut, gehen Sie einfach einen oder zwei Schulungsschritte zurück und üben Sie mit Ihrem Hund freundlich zugewandt weiter. Denken Sie daran, weniger ist in diesem Fall wirklich mehr. Schulen Sie Ihren Hund kleinschrittig und vom Einfachen hin zum Schweren. So wird Ihr Hund Sie verstehen und Spaß am Lernen haben. Zudem wird die Bindung zwischen Ihnen und Ihrem Hund auf ein noch höheres Level gesetzt. Denn miteinander Schönes zu erleben, sich miteinander zu beschäftigen, schafft Nähe. Nutzen Sie Jogger, Radfahrer usw. als grundsätzliche Situationen, in denen Ihr Hund nach Ihrer Aufforderung „Bleib" stehenbleiben muss. Die Jogger werden dankbar sein und Ihr Hund verinnerlicht zunehmend, was Sie möchten. Im nächsten Schritt können Sie es ohne Leine versuchen. Dabei sollte klar sein, dass Hunde die jagdlich ambitioniert sind oder die in der Nähe einer

Straße geschult werden, mit einer Schleppleine gesichert werden müssen.

Bedenken Sie auch, dass Ihr Hund Sie sehr wohl auch dann hört, wenn er einige Meter vor Ihnen geht. Er sieht Sie sogar, wenn er seinen Kopf nur ein wenig zur Seite dreht, obwohl Sie hinter ihm gehen. Das liegt daran, dass Hunde ihre Augen mehr seitlich am Kopf haben als wir. (Lesen Sie dazu auch die Kapitel, in denen es um „Die Augen" und „Die Ohren" geht.)

Als Letztes können Sie üben, dass Ihr Hund mit der Aufforderung „Bleib" auch dann stehenbleiben soll, wenn er sich in einem hohen Tempo auf Sie zu bewegt. Stellen Sie sich vor, Sie rufen Ihren Hund, er spurtet in Ihre Richtung los und dann – urplötzlich – entwickelt sich im Laufweg Ihres Hundes eine Gefahr. Jetzt Ihren Hund mit der Aufforderung „Bleib" zum Stehen zu bringen, obwohl er zu Ihnen möchte, ist absolut wünschenswert und hilfreich. Um dieses Ziel zu erreichen, beginnen Sie in einem Abstand von 12 Metern zwischen Ihnen und Ihrem Hund zu üben. Ihr Hund steht und wartet auf eine Aufforderung zu einem bestimmten Verhalten. Jetzt rufen Sie ihn, Ihr Hund läuft los, um zu Ihnen zu kommen. Nach ca. vier Metern rufen Sie Ihrem Hund in normaler Lautstärke das Zauberwort „Bleib" zu. Spannen Sie dabei Ihre Körpermuskulatur an und gehen Sie zügig einen Ausfallschritt nach vorn. Strecken Sie zeitgleich einen Arm weit von Ihrem Körper nach vorn. Dabei zeigt die Handfläche ebenfalls nach vorn. Dies ist eine typische Bewegung, mit der Sie

Ihrem Hund nonverbal mitteilen, stehenzubleiben. Es kann sein, dass Ihr Hund anfangs mit der neuen Situation Schwierigkeiten hat. Dann gehen Sie noch einen oder zwei Ausfallschritte in beschriebener Art nach vorn, bis Ihr Hund steht. Selbst wenn er erst stehenbleibt, wenn er Sie erreicht hat, bleiben Sie freundlich und üben weiter. Sobald Ihr Hund das erste Mal stehenbleibt, obwohl er noch nicht bei Ihnen ist, laufen Sie freudig zu ihm hin und loben ihn überschwänglich. Gern dürfen Sie ihm dann als Belohnung (positiver Verstärker) auch mehrere Leckerchen geben. Ihr Hund muss sich supergut fühlen, dann wird er beim weiteren Üben alles daran setzen, diesen Erfolg verbunden mit dem guten Gefühl zu wiederholen.

Wenn Sie diese Schulungsphase mit Ihrem Hund erfolgreich umgesetzt haben, können Sie die Entfernung gern erweitern.

Bedenken Sie, dass Erlerntes regelmäßig weiter geübt werden muss. Auch darf Erlerntes perfektioniert werden. Denn: Luft nach oben ist immer!

GENERALISIEREN.

Es gibt viele gute Übungen, die das Schulen von Hunden leicht und erfolgreich gestalten. Hat man dann noch den passenden Profi an der Hand, der einem die Zusammenhänge des Lernens bei Hunden erklärt, macht das Ganze Mensch und Hund eine riesige Freude. Und als Nebeneffekt wird die Bindung von Mensch und Hund noch besser und intensiver.

Einer dieser wichtigen Zusammenhänge beim Lernen ist das Generalisieren.[15]

Dieses Generalisieren üben Sie, indem Sie die Schulungsorte stetig wechseln. Denn es ist tatsächlich so, dass Hunde, die immer am selben Ort üben, glauben, dass sie das Erlernte nur an diesem einen Ort zeigen müssen. An anderen Stellen fallen das Leistungsniveau und der Leistungswillen bei Hunden – die nicht generalisierend geschult wurden – stark ab. Perfekt wird es, wenn Sie 2 bis 3 Mal am Tag jeweils mindestens 15 Minuten lang mit Ihrem Hund üben. Dieses Üben sollte am Ende eines Spaziergangs oder Freilaufs stattfinden, wenn Ihr Hund ausgelastet und damit besonders aufmerksam ist.

---

[15] BLOCH, Günther: *Der Wolf im Hundepelz.* a. a. O., S. 17 ff, S. 35 ff.
BOSCH, Jana: *Trainingstipp Generalisierung.* URL http://blog.assistenzhunde-zentrum.de/?p=141, Stand: 22.10.2015

Aber nicht vergessen: Üben Sie mit Ihrem Hund viel an unbekannten Orten.

Wenn Sie noch in der Phase mit Ihrem Hund üben, in der Sie den positiven Verstärker Leckerchen einsetzen, füttern Sie 4 Stunden vor dem Spaziergang oder Freilauf den Hund nicht mehr. Dann ist er motivierter.

So üben Sie richtig:

1. Dreimal am Tag mindestens je 15 Minuten
2. Am Ende eines Spaziergangs oder der Freilaufzeit
3. Immer an einer anderen Stelle (Generalisieren!)
4. Ihr Hund sollte 4 Stunden vor dem Üben nichts mehr gefressen haben

„DER FÜHRER". EIN POPULÄRER IRRTUM.

Wenn sich im Umgang mit Hunden etwas hält – ähnlich wie Harz am Baum – dann sind das populäre Irrtümer. Obwohl diese Irrtümer zigfach durch Forschung und Wissenschaft widerlegt wurden. Und obwohl weltweit Tierrechtler, Hundetrainer, Hundepsychologen, Biologen und viele andere nicht müde werden, auf diese Irrtümer hinzuweisen, halten sie sich und werden von Mensch zu Mensch weitergegeben. So als wären sie in Stein gemeißelt.

Hier ein Klassiker: „Der Mensch muss seinem Hund gegenüber der Führer sein. Und der Führer gibt seinem Hund ständig vor, was er zu tun hat."

In der Welt der Wölfe gibt es keine Führer, die ihren Gruppenmitgliedern ständig sagen, was sie zu tun haben. Die Tiere, die ihre Gruppe anleiten, sind intelligent, erfahren und SOUVERÄN. Fast immer handelt es sich bei den Leittieren um ein männliches und ein weibliches Tier. Sie greifen nur dann ein, wenn es absolut notwendig ist. In diesen Situationen werden sie klar und unmissverständlich. Ist die jeweilige Situation geklärt, schwingt auch nichts mehr nach.[16]

Yanis ist beispielsweise ein Hund, der sich regelmäßig mehrfach in der Woche mit bis zu 50 anderen

---

[16] BLOCH, Günther: *Der Wolf im Hundepelz.* a. a. O., S. 17 ff, S. 35 ff.

Hunden auf einem 30.000 m² großen, eingezäunten Freilaufgelände trifft. Ein erfahrener, ruhiger und ca. vier Jahre alter, mittelgroßer Rüde, der lange auf der Straße gelebt hat. Alle anderen Hunde akzeptieren seine regulierende Art. Kommt es in einer kleinen Gruppe auf dem Gelände zu einer Rauferei, ist Yanis nie dabei. Warum? Er hat es nicht nötig, anderen seine Fähigkeiten vorzuführen. Nimmt eine Rauferei jedoch überhand, bewegt er sich zum Ort des Geschehens und löst den Tumult mit Körpersprache und Mimik auf. Hören die zumeist pubertären Jungs nicht umgehend mit ihren unfairen Aktionen auf, geht Yanis Zähne zeigend dazwischen. Und: Sofort kehrt Ruhe ein. Yanis verschwindet als sei nichts gewesen und die wilden Halbstarken nehmen ihr Spiel wieder auf. Nur dieses Mal spielen sie die faire Variante.

An dieser Stelle ist es mir wichtig, anzumerken, dass es sich bei der erwähnten Gruppe von bis zu 50 Hunden nicht um eine homogene Gruppe handelt. Diese Großgruppe unterteilt sich in viele kleinere Hundegruppen von 2 bis ca. 8 Hunden. Dabei gibt es auch gruppenübergreifende Kontakte von einzelnen Hunden. Zudem gibt es Einzelgänger, die sich keiner Gruppe zugehörig fühlen. Schön ist es, zu beobachten, dass die Gruppen untereinander stets um ein faires Miteinander bemüht sind.

Yanis selbst ist kein festes Mitglied einer bestimmten Gruppe, sondern hat eher das Ganze im Blick.

Wenn ich mit meiner Hundgruppe auf den Rheinwiesen unterwegs bin:

Lupo der Pointer, Paula die Jagdterrier-Mix-Hündin, Juli die Deutsch-Kurzhaar-Hündin, Pluto der schwarze Elchjäger, Kajun der Galgo und Emma die Ratonero-Hündin dürfen alles machen, was ihnen in den Sinn kommt. Sie hetzen, spielen, buddeln oder kühlen sich im Rhein ab. Emma kaut gerne mal ein Stöckchen. Kajun ist glücklich, wenn er den einen oder anderen Sprint hinlegt. Ob die Hunde vor mir, neben mir oder hinter mit sind, ist mir vollkommen egal. Bei diesen Spaziergängen durch die Rheinwiesen gibt es nur eine Regel: Wir bleiben in einem Radius von ca. 30 Metern zusammen. Bewegt sich ein Hund auf die imaginäre Grenze zu, werde ich präsent. Ich nehme eine straffe, aufrechte Körperhaltung ein und schaue den Grenzverletzer streng an. Fast immer reicht das aus, damit der Grenzverletzer die Richtung wechselt. Diese Art des Auflösens entspricht der, die Yanis auf dem Freilaufgelände anwendet.

Und glauben Sie nicht, Ihr Hund könne Sie nicht sehen, wenn er sich von Ihnen fortbewegt.[17] Denn seine Augen befinden sich seitlich am Kopf – unabhängig von der Art zumindest seitlicher als die menschlichen Augen. Damit ist sein Blickfeld um ca. 30° größer als Ihr eigenes. So reicht ein leichtes

---

[17] HOROWITZ, Alexandra und WISSMANN, Jorunn: *Was denkt der Hund?* A. a. O., S. 149 ff, S. 172 f.

Kopfdrehen Ihres Hundes und er kann sogar sehen, was versetzt hinter ihm vorgeht. Das in Kombination mit dem sprichwörtlich siebten Sinn der Hunde, ihrer ausgezeichneten Nase und ihrem fantastischen Gehör sorgt dafür, dass Hunde immer ganz genau wissen, was gerade gut oder weniger gut läuft.

Und damit weiß auch einer meiner Hunde, wenn er gerade eine von mir nicht gewünschte Aktion startet, sehr genau, dass ich ihn regulierend anschaue. Würde diese regulierende Präsenz von mir nicht ausreichen, um das unerwünschte Verhalten zu beenden, spurte ich – wie Yanis – auf den Hund zu. Signalisiert er mir, dass er meinen Abbruch verstanden hat, höre ich auf zu laufen und gehe meines Weges als ob nichts passiert wäre.

Der Vorteil an dieser Art der Regulierung? Der Hund, um den es in dieser Situation geht, fühlt sich unmittelbar nach der Regulierung wohl, weil er weiß, dass er jetzt alles richtig macht. Er kann sich entspannen und wieder unbeschwert mit den anderen Hunden agieren. Und die anderen Hunde – die natürlich alles beobachtet haben – haben gelernt, was unerwünscht bzw. erwünscht ist. (Lesen Sie hierzu auch das Kapitel „Rückruf und regulieren".)

Das Fazit: Kein Hund braucht einen Führer, der ihm ständig auf den Senkel geht und ihn zutextet. Ein Hund braucht einen souveränen Leitmenschen, der ihn situativ reguliert und dabei nicht mit Kanonen auf Hunde schießt. Nicht mehr, aber auch nicht weniger.

HÖREN SIE ZU, WENN IHR HUND SPRICHT?

Oder: Wie vermeintliche Führer, Angst-Typen, Sonnenbrillen, Handys & Co Kommunikation verhindern.

Hunde fühlen sich nicht selten von ihren Menschen komplett genervt. Da ist zum einen der **„Führer-Typ"**, der seinen Hund ständig mit Kommandos überrollt und ihm damit keinen Raum für eigene Aktionen lässt. Dann gibt es den **„Angst-Typ"**, der ständig in allem eine Gefahr sieht. Und dieses ständige „mein Hund hat Angst vor …" geht bis hin zur sich selbst erfüllenden Prophezeiung. Das heißt: Der Hund nimmt mehr und mehr die Unsicherheit seines Menschen wahr und wird am Ende selbst unsicher. Und so ein Hund wird leicht zum willkommenen Opferhund für Hunde, die rüpeln wollen.

Spricht man den sogenannten „Angst-Typ" an, ist er in der Regel schnell dabei, uns zu erklären, warum sein Hund Angst hat. Objektiv betrachtet und aus der vorangehenden Erklärung ableitbar sind derartige Begründungen (ich bezeichne sie gern treffender als „Legenden") meist an den Haaren herbeigezogen und fachlich nicht haltbar.

Interessant finde ich es, dass aus meinen Beobachtungen heraus der „Führer-Typ" überwiegend bei Männern zu erkennen ist und der „Angst-Typ" zumeist bei Frauen. Weiterhin ist zu beobachten, dass Kinder, die völlig unbefangen mit Hunden in Kontakt kommen, nie unfair von Hunden angegangen werden. Sie sehen, wir Menschen beeinflussen mit unseren Gedanken, unseren Gefühlen und unserem Verhalten das Verhalten unserer Hunde. Deshalb werden Hunde, die mit einem „Führer-„ oder „Angst-Typ" zusammenleben, auch nie eine konfliktfreie Bindung zu ihrem Menschen aufbauen können.

Es gibt aber auch Kommunikationsstörungen zwischen Hunden und Menschen, die weder „Führer-„ noch „Angst-Typ" sind ...

Die Kommunikationsmittel unserer Hunde

Betrachten wir die Kommunikationsmittel unserer Hunde. Zu ihnen gehören neben Urin (Lesen Sie dazu auch das Kapitel „Urin"), Körpersprache, Mimik, Bellen und Heulen. Wenn uns Hunde in ihrer „Sprache" etwas mitteilen, erwarten sie zu Recht eine Reaktion von uns. Oder würden Sie noch mit einem Menschen sprechen, telefonieren oder mailen, der vollkommen uninteressiert scheint und nicht antwortet? So wie in diesen Fällen wird auch ein Hund zunehmend die Kommunikation mit seinem Menschen einstellen, wenn nichts zurückkommt.

Der souveräne Leitmensch

Schaut mich beim gemeinsamen Spaziergang einer meiner Hunde an – zum Beispiel freundlich – um mir zu sagen „Hey, mir geht es gut." schaue ich ihn lächelnd an und zwinkere mit einem Auge. Schaut mich einer meiner Hunde unsicher an, mache ich als souveräner Leitmensch ein normales und unbeeindrucktes Gesicht und zwinkere. In beiden Fällen

„verstehen" mich meine Hunde, entnehmen meiner Reaktion, dass alles in Ordnung ist und gehen entspannt weiter. Zeigt mir einer meiner Hunde ein freches oder bockiges Gesicht und ich erkenne, hier will jetzt einer rüpeln oder schauen, wo der nächste Hase sitzt, mache ich ein hartes Gesicht mit größer werdenden Augen. Damit teile ich unmissverständlich mit, dass er es gar nicht versuchen soll, da ich es erst gar nicht zulasse.

Verändert sich dann die Mimik des betreffenden Hundes ins Freundliche, schaue ich sofort wieder normal als sei nichts geschehen. Die Situation entspannt sich. Es schwingt nichts nach. Und: Alles ist gut. Für mich und natürlich auch für meine Hunde.

Bleiben Sie in Kontakt

Als souveräner Leitmensch habe ich es nicht nötig, überzogen zu reagieren oder nachtragend zu sein. Leider beobachte ich es immer wieder, dass Hunde-Menschen die Kommunikation mit ihrem Hund erschweren, wenn nicht sogar verhindern. Ob vorsätzlich oder fahrlässig aus Unwissenheit heraus, das macht für den Hund keinen Unterschied. **Kommunikationsverhinderer** sind Sonnenbrillen, Kopfhörer und Handygespräche während des Hundespaziergangs. Warum? Wie soll ein Hund im Gesicht seines Menschen erkennen, ob er freundlich oder sauer ist, wenn auf der Menschennase eine Sonnenbrille sitzt? Augen und Fältchen um das Menschenauge herum sind für Hunde unverzichtbare Gemütsanzeiger. Und Kopfhörer und Handygespräche signalisieren Ihrem Hund: ICH HABE KEIN

INTERESSE AN DIR. Kein Wunder, dass ein Hund, der in dieser Art und Weise ignoriert wird, das Interesse an seinem Menschen verliert. Der Effekt: Man geht zwar „zusammen" durch die Gegend, aber jeder macht sein Ding.

Seien Sie freundlich und Ihrem Hund zugewandt. Gehen Sie aktiv mit Ihrem Hund spazieren. Und nutzen Sie die Zeit mit Ihrem Hund zur aktiven Erholung. Ihr Hund wird es Ihnen danken und Ihr menschlicher Akku auch!

FAIRES MITEINANDER.

Hunde gehen nicht ohne weiteres mit bekannten oder unbekannten Hunden in Kontakt. Denn zuerst wollen sie wissen, mit wem sie es zu tun haben. Diese Informationen nehmen sie über ihre Nase wahr. Sie beschnuppern von hinten das Genital und die Analdrüse des anderen Hundes. Und da beide Hunde wissen wollen, mit wem sie es zu tun haben, kommt es bei diesen Begegnungen fast immer zu ruhigen kreisförmigen Bewegungen.

Dabei können wir es bei derartigen Begegnungen auch erleben, wie Hunde damit umgehen, wenn sie miteinander in einen Konflikt geraten. Stellen Sie sich beispielsweise vor, dass die sich beschnüffelnden Hunde ein unterschiedliches Alter haben – sagen wir ein zweijähriger Rüde und eine neun Jahre alte, gestandene Hundedame. Wenn die Hundedame wissen will, mit wem sie es zu tun hat, wird sie den Jüngling beschnuppern. Gleichzeitig wird der Rüde die Hündin beschnuppern. Dauert aber der älteren Hündin dieses Procedere zu lang, wird sie dies dem Rüden unmissverständlich zu verstehen geben: z. B. über Mimik und Körpersprache, eventuell auch mit einem Drohlaut. Jetzt zeigt sich, wie der junge Rüde mit Frustration und Klarheit umgehen kann. Rein statistisch gesehen, wird der junge Rüde – wie 98 Prozent aller Hunde – die Aufforderung der Hündin, Abstand zu halten, verstehen und umsetzen.[18]

Es ist nicht so – wie viele Menschen mit oder ohne Hund denken – dass Hunde ständig auf Auseinandersetzungen aus sind. Das Gegenteil ist der Fall. Hunde wollen nach Möglichkeit Auseinandersetzungen und Verletzungen vermeiden. Das ist auch der Grund, warum Hunde sich selbst beim Spielen immer wieder auf ein faires Miteinander verständigen.

Dies tun sie durch die Vordertiefstellung:[19] Vorderpfoten und Kopf wippen nach unten, Po und Hinterläufe bleiben oben. Es gibt Hunde, die das langsam und häufig machen. Es gibt aber auch Hunde, die so schnell in die Vordertiefstellung gehen, dass es für unser menschliches Auge kaum sichtbar ist. Für Hunde wiederum ist es kein Problem, auch die extrem schnellen Bewegungen zu erkennen (siehe Kapitel "Die Augen").

Damit klärt sich auch ein weiterer populärer Irrtum, der besagt, die Vordertiefstellung sei eine Spielaufforderung. Das ist sie nicht, sondern sie ist die Verabredung zu einem fairen Umgang miteinander. Dabei dürfen wir bei dem Ganzen nicht vergessen,

---

[18] GANSLOẞER, Udo und KITCHENHAM, Kate: *Forschung trifft Hund. Neue Erkenntnisse zu Sozialverhalten, geistigen Leistungen und Ökologie.* Aufl. 1, KOSMOS Verlag, 2012.
[19] FEDDERSEN-PETERSEN, Dr. Dorit Urd: *Hundepsychologie, a. a. O.*, S. 143 ff, S. 275 ff.

dass Hunde unterschiedliche Charaktere haben. Somit kann ein Verständigen zu einem fairen Miteinander laut und wild oder aber auch sehr ruhig vonstatten gehen.

Laut und wild heißt aber nicht, dass sich etwas Gefährliches abspielt. Im Gegenteil, gerade Hunde, die sich gut kennen, deuten mitunter die Vordertiefstellung nur an und das anschließende Miteinander ist sehr wild und laut. Dies kann man sich leisten, da man sich ja gut kennt. Gute Kumpels eben.

Auch gibt es Hunde, die trotz signalisierter Fairness (Vordertiefstellung) dem anderen Hund sehr zurückhaltend begegnen. In diesem Fall könnte der zurückhaltende und beobachtende Hund ein „B-Hund" sein. Hierbei handelt sich aber nicht um einen ängstlichen Hund, wie viele Menschen in solch einem Fall glauben (weiterer populärer Irrtum!).

Der B-Hund: Wie oben beschrieben, geben sich B-Hunde allem Neuen gegenüber abwartend und zurückhaltend. Nach dem Motto: Vorsicht ist die Mutter der Porzellankiste! Hat der B-Hund sich versichert, dass alles gut ist, geht er entspannt auf sein Gegenüber zu und nimmt Kontakt auf. Und genauso vorsichtig, wie sich der B-Hund bei unbekannten Menschen und Hunden verhält, so vorsichtig verhält er sich auch, wenn er auf einen unbekannten Gegenstand trifft.

Der A-Hund: Der A-Hund ist das Gegenteil eines B-Hundes. Alles was unbekannt ist, egal ob Mensch,

Gegenstand oder Hund, wird zügig bis stürmisch angelaufen und kontrolliert.

Dass dabei A-Hund nicht gleich A-Hund ist und B-Hund nicht gleich B-Hund, sollte klar sein. Alter, soziale Stellung, Umwelt und Tagesform sorgen dafür, dass sich in beiden Hundekategorien sehr unterschiedliche Verhaltensweisen zeigen können. Vom maximal zurückhaltenden bis zum leicht forschen B-Hund oder vom langsam vortrabenden bis zum laut bellenden und sprintenden A-Hund.

Wenn Sie wissen möchten, welcher Typ Hund mit Ihnen lebt, machen Sie folgenden Test: Auf einer Spazierstrecke, die Sie häufig mit Ihrem Hund entlang gehen, hängen Sie gut sichtbar – und ohne dass Ihr Hund dies bemerkt – eine neonfarbene (siehe Kapitel "Die Augen") Warnweste auf. Beim anschließenden Spaziergang gehen Sie normal auf die Weste zu. Will oder wird Ihr Hund ausweichen und beobachten, haben Sie einen B-Hund. Herzlichen Glückwunsch, Ihr Leben mit Hund wird entspannter verlaufen.

Läuft Ihr Hund locker hastig, womöglich sogar bellend auf die Weste zu, dann haben Sie einen A-Hund. Auch herzlichen Glückwunsch, Sie werden immer wieder mal mit Hunde-Menschen, die Sie noch nicht kennen, ins Gespräch kommen.

Agiert Ihr Hund zu wild, schauen Sie in die Kapitel „Wie finde ich DIE gute Hundeschule" und „Rückruf und Regulieren".

Dabei ist die „Einteilung" in A- und B-Hund keine Klassifizierung[20], geschweige denn eine Stigmatisierung. Es handelt sich hierbei lediglich um unterschiedliche Hunde-Typen. Und die gibt es bei Hunden ebenso wie in der sonstigen Tier- und in der Menschenwelt.

Unterschiedliche Hunde-Typen bringen für uns Menschen unterschiedliche Herausforderungen mit sich. Und im Leben mit Hunden sollten Herausforderungen dankbar angenommen und wenn nötig auch mit professioneller Hilfe und viel Freude bewältigt werden. Sie werden sehen, das gemeinsame Verändern eines unerwünschten Verhaltens sorgt für Nähe und Glück. Wobei nicht alles, was uns Menschen an Hunden stört, verändert werden muss. Häufig sind die Anforderungen von uns Menschen an unsere Hunde überzogen und werden keinem Hund gerecht. In diesen Fällen macht es Sinn, die Einstellung dem Hund gegenüber zu verändern.

„MÖCHTEST DU, DASS DEIN HUND SICH VERÄNDERT, DANN VERÄNDERE DICH SELBST."

Das ist keine Weisheit eines verstorbenen Indianerhäuptlings. Das ist die jahrzehntelange Erfahrung vieler mitfühlender und gewaltfrei arbeitender Hundeprofis. ;-)

---

[20] www.rudelstellungen-klargestellt.de, Interview mit Günther Bloch, Stand: 29.10.2015

DIE AUGEN.

Hunde können besser sehen als Menschen. Dies fällt besonders morgens und abends in der Dämmerung auf. Der Grund: Neben der Tatsache, dass Hunde in der Dämmerung aufmerksamer sind als zu anderen Tageszeiten, haben Hunde hinter den Augen einen sogenannten Restlichtverstärker. Wenn ich also mit meiner Hundegruppe in der Dämmerung durch für mich unbekannte Waldgebiete gehe, ist es nicht selten, dass mein Pointer Lupo die Leitung übernimmt. Und das heißt im Umkehrschluss, dass meine Hunde ganz genau wissen, dass ich in der Dämmerung und bei Nacht mit meinem Sehvermögen an Grenzen stoße. In diesen Situationen übernimmt Lupo die Leitung und gibt sie nach Aufforderung von mir oder bei Licht selbständig wieder an mich ab – zum Beispiel an einer beleuchteten Straße.[21]

Genauso gehen Wölfe vor – bei der Jagd oder bei der Revierkontrolle. Hier macht jeder Wolf nach Aufforderung des jeweiligen Leittiers oder eben situativ das, was er am besten kann: Die jungen kräftigen Wölfe gehen im Tiefschnee vor, ebnen den Schnee und sparen so den anderen Tieren Kräfte für die Jagd. Oder die besonders wachsamen Wölfe übernehmen das Überwachen des Liege- und Ruheplat-

---

[21] HOROWITZ, Alexandra und WISSMANN, Jorunn: *Was denkt der Hund?* A. a. O., S. 149 ff, S. 172 f.

zes. Wieder andere bleiben bei den Jungtieren, um sie zu schützen oder Erziehungsaufgaben zu übernehmen, wenn der Rest der Gruppe zur Jagd oder zur Reviersicherung unterwegs ist.[22]

Neben dem ausgezeichneten Sehen in der Dämmerung weist das Sehvermögen von Hunden im Vergleich zu dem des Menschen einen weiteren Unterschied auf: Hunde nehmen Bewegungen in verringerter Geschwindigkeit wahr. Darum können Hunde auch im letzten Moment ausweichen, wenn ihnen ein anderer Hund mit hohem Tempo entgegen gespurtet kommt. Und darum ist für Hunde ein analoges TV-Bild, das von uns als Film gesehen wird, lediglich eine Aneinanderreihung von Standbildern.

Hunde können in der Regel Objekte aller Art gut sehen. Ist solch ein Objekt aber ganz nah vor ihrem Auge, wird es für Hunde schwer, das Objekt scharf zu stellen. Meistens dauert es dann einige Sekunden bis das Objekt gesichtet wird. Probieren Sie es aus: Legen Sie Ihrem ruhenden Hund mal ein Leckerchen vor die Nase. Und sie werden sehen, er wird einige Sekunden brauchen, bis er unter Zuhilfenahme seiner Nase das geliebte Leckerchen sieht und verspeisen kann.

Zur Farberkennung von Hunden: Hunde sehen die Welt schwarz-weiß. Ähnlich wie wir einen Schwarz-Weiß-Film sehen. Zu diesem Schwarz-Weiß-Sehen gesellen sich einige Farben. Nach wissenschaftli-

---

[22] BLOCH, Günther: *Der Wolf im Hundepelz.* a. a. O., S. 27 ff.

chen Untersuchungen können Hunde die Farben blau und grün sicher sehen und die Farben rot und gelb höchstwahrscheinlich auch. Also stellen wir uns einen Schwarz-Weiß-Film vor, der durch Computertechnik die Farben rot, gelb, blau und grün sichtbar macht. So in etwa sehen Hunde die Welt. Hinzu kommt, dass Hunde – im Gegensatz zu uns – nach hinten schauen können. Wir haben die Augen vorn am Kopf und müssen den Kopf drehen, um seitlich oder hinter uns zu schauen. Hunde hingegen haben ihre Augen seitlicher am Kopf. Damit verfügen sie über einen weiteren Blickwinkel als wir. Auf diese Weise ausgestattet, kann ein Hund, der vor Ihnen geht, wenn er den Kopf nur wenige Zentimeter nach links oder rechts dreht, sehen, was Sie hinter ihm machen. Testen Sie es einfach mal aus: Lassen Sie Ihren Hund vor sich gehen und in dem Moment, in dem er nur leicht den Kopf zur Seite dreht, spielen Sie ihm geräuschlos den Clown vor. Hampeln Sie mit Armen und Beinen. Ihr Hund wird es sehen und wenn Sie nicht den Beruf eines Clowns ausüben, wird er wissen wollen, was Sie da Neues machen und zu Ihnen kommen.

DIE OHREN.

Hunde hören viel besser als Menschen, das ist eine unumstößliche Tatsache. Darum ist es völlig unnötig, wenn Menschen laut mit ihren Hunden sprechen. Mitunter kann man die Dummheit beobachten, dass Menschen ihre Hunde anschreien. Machen Sie es besser und fangen Sie an, mit Ihrem Hund leise zu reden.

Um Ihren Hund an das leise Sprechen zu gewöhnen, flüstern Sie zuhause nur noch mit Ihrem Hund. Sie werden feststellen, Ihr Hund wird viel zugewandter und aufmerksamer. Draußen hingegen sprechen Sie mit Ihrem Hund in normaler Lautstärke. Und wenn Sie Ihren Hund regulieren müssen (siehe Kapitel „Rückruf und Regulieren"), wird Ihre Stimme kräftiger und klarer, aber bitte nicht lauter. Zugegebenermaßen fällt dies Männern leichter als Frauen. Aber nach einigen Wochen des Übens wird sich alles eingependelt haben und wie selbstverständlich werden Sie mit Ihrem Hund nur noch leise sprechen.

An dieser Stelle möchte ich noch einmal klar ausdrücken, dass Handeln und somit die Körpersprache von Menschen für Hunde viel verständlicher ist als das gesprochenen Wort. Mir ist auch bis heute kein Hund aufgefallen, der unsere Menschensprache spricht.

Ein weiterer populärer Irrtum ist es, zu glauben, dass Hunde mit großen Ohren besser hören. Hunde mit großen Ohren riechen besser als Hunde mit kleinen Ohren (siehe Kapitel „Die Nase"). Warum? Die großen Ohren wedeln die Gerüche vom Bereich des Hinterkopfs des Hundes zur Nase und der Hund kann entscheiden, ob der Geruch hinter ihm eventuell interessanter ist.[23]

Schauen wir uns die Ohren unserer vierbeinigen Freunde etwas genauer an. Als erstes fällt uns auf, das Hunde ihre Ohren drehen und senken können. Je nach Hund ist der Drehradius etwas größer oder kleiner. Somit können Hunde ihre Ohren in die Richtung ausrichten aus der sie einen interessanten Ton hören. Für diese Bewegungen hat ein Hund am Außenohr 17 Muskeln. Im Vergleich: Der Mensch hat am Außenohr 9 Muskeln. Dass Hunde besser hören als Menschen, liegt an drei Tatsachen. Zum einen können sie Geräusche selektieren. Also sie hören unsere Stimme trotz eingeschaltetem Fernseher. Zum anderen erreicht das Hundegehör bei gesunden erwachsenen Hunden eine Ungenauigkeit von etwa 2 Prozent. Das ist ein Wert, der geradezu vernachlässigt werden kann. Der gesunde, erwachsene Mensch hat eine ausgewiesene Gehörungenauigkeit von etwa 17 Prozent. Und drittens sind uns Hunde in der Tonhöhe überlegen. Wir stoßen bei ca. 20.000 Hz (Hertz) an unsere Grenzen. Hunde, unabhängig welcher Art sie angehören, können bis ca. 63.000 Hz hören. Dadurch macht es Sinn, seinen

---

[23] HOROWITZ, Alexandra und WISSMANN, Jorunn: *Was denkt der Hund?* A. a. O., S. 112 ff.

Hund in einer hohen Tonlage zu rufen. Somit wird auch klar, warum Frauen beim Rückruf ihres Hundes nicht selten erfolgreicher sind als ihr Partner. Zudem erklären uns Feldforscher schon lange, dass Hunde hohe und freundliche Töne viel interessanter finden. Auch kann eine tiefe Stimme auf einen Hund bedrohlich wirken. Bleiben Sie bitte Ihrem Hund gegenüber freundlich. Rufen Sie ihn in einer hohen Tonlage, ohne zu schreien. Wenn Sie Ihren Hund regulieren müssen, bleiben Sie besonnen und spannen Ihre Muskulatur an. Werden mit Ihrer Stimme klarer, aber nicht merklich lauter.

Liebe Männer, übt euch im freundlichen Rufen in einer hohen Tonlage. Mitunter zaubert ihr damit auch ein Lächeln in das Gesicht der einen oder anderen Dame. Wenn das mal kein positiver Verstärker ist.

MARKEN-TINNITUS.

Als verantwortungsvoller Leitmensch haben Sie Ihren Hund bei Tasso registriert. Tasso sendete Ihnen eine kleine Metallmarke mit der persönlichen Kennnummer Ihres Hundes zu, die Ihr Liebling am Halsband oder Geschirr tragen soll. Dann gibt es noch die Hunde-Steuermarke. Auch die Steuermarke soll Ihr Hund am Körper tragen. Beide Marken bestehen aus einem dünnen Metall. Der eine oder andere Leitmensch lässt zudem eine Metallmarke mit der eigenen Telefonnummer herstellen, die der Hund ebenfalls am Körper trägt. Darüber hinaus gibt es Schmuckstücke und/oder Glücksbringer für unsere Hunde.

Was dabei übersehen wird, ist, dass die Marken und Schmuckstücke für Ihren Hund beim Spielen eine Gefahr bedeuten. So kann es zu unangenehmen Quetsch- oder Schnittwunden kommen. Oder ein Hund verfängt sich beim wilden Spiel im Geschmeide des Spielpartners. Schaffen die beiden es dann nicht mehr, sich voneinander zu lösen, können aus besten Kumpels kämpfende Kontrahenten werden. Zugegeben, damit es zu solchen Situationen kommt, braucht es eine große Portion Pech. Aber auszuschließen sind solche unglücklichen Situationen eben nicht.

Auch erzeugen diese Marken bei jedem Schritt einen klimpernden Ton. Und sind die Marken dann noch am Halsband – also in unmittelbarer Nähe der

Ohren – ist Ihr Liebling tagtäglich einem Dauerklimpern ausgesetzt. Das führt zu Stress und Frustration, wohlmöglich mit der Zeit auch zu Schmerzen. Stellen Sie sich mal vor, Sie hätten ständig etwas Klimperndes in der Nähe Ihrer Ohren. Was würde das mit Ihnen machen? Es gibt im Handel für kleines Geld kleine Etuis aus Stoff für die Aufbewahrung der einzelnen Marken. Diese Etuis kann man problemfrei am Halsband oder Geschirr befestigen. Und schon ist Ihr Hund nicht mehr der Gefahr von Verletzungen und/oder dem Stress machenden Dauerton ausgesetzt. Vielleicht gehören Sie ja zu den kreativen Menschen und basteln oder schneidern sich ein Etui selber. Dann ist nicht nur Ihr Liebling ein Unikat sondern auch sein schönes Etui.

DIE NASE. FÜR EIN FEUERWERK VON BILDERN.

Jetzt ist es für uns nicht neu, dass die Nase eines Hundes weitaus besser riechen kann als die Nase eines Menschen. Das wissen alle, ob Hunde-Mensch oder nicht. Aber wie ist das genau mit der Nase eines Hundes? Wie ist das für einen Hund, so gut riechen zu können? Und wie gut ist eigentlich „so gut"? Lassen Sie uns mal genau hinschauen – in die Riechwelt der Hunde ...

Dabei ist Hinschauen an sich schon ein guter Vergleich. Denn Hunde erleben das Riechen in Teilen ähnlich wie wir das Sehen. So haben Hunde beim Riechen ein Feuerwerk von Bildern vor ihrem geistigen Auge. Mal klarer, mal weniger klar. Zur Verdeutlichung: Hunde riechen je nach Art bis zu 45 Mal besser als Menschen. Und diese Zahl allein erfasst nicht die Nasenleistung von unseren Hunden.[24]

Werfen wir deshalb einen Blick auf die Hundenase. Es fällt auf, dass viele Hunde eine feuchte Nase haben. Die Erklärung ist einfach: Nicht alle Stoffe, die Hunde riechen wollen, sind so gut riechbar, wie Hunde sich das wünschen. Werden diese Stoffe angefeuchtet oder treffen auf eine feuchte Nase, sind diese Stoffe sehr gut riechbar. Aber was passiert genau mit diesen Stoffen? Ihre Geruchsmole-

---

[24] HOROWITZ, Alexandra und WISSMANN, Jorunn: *Was denkt der Hund?* A. a. O., S. 149 ff, S. 172 f.

küle werden durch die Feuchtigkeit flüssiger und sind für die Hundenase somit perfekt zu erriechen.

Deshalb feuchten Hunde mit einer trockenen Nase ihre Nase bei Bedarf an.

Auch gehen Hunde hin und befeuchten Gegenstände durch Lecken mit ihrer Zunge, um sie besser erriechen zu können.

Wenn ein Hund einen Geruch mit seiner Nase erriecht, wird dieser Geruch schneller als Bild vor sein geistiges Auge transportiert als etwas, das wir mit unseren Augen aufnehmen bis es von unserem Gehirn als Bild verarbeitet wird.

Verweilt ein Hund riechend länger an einer Stelle, so ist das Geruchsbild für ihn noch nicht vollständig aufgenommen. Er möchte solange an der Stelle riechen, bis er abschließend das Gesamtbild erfasst. Warum das so ist? Gerüche sind nie gleich. Sie verändern sich ständig. Es gibt frische Gerüche, weniger frische Gerüche, etwas ältere Gerüche bis hin zu ganz alten Gerüchen. Gerüche vermischen sich mit anderen Gerüchen oder werden vom Wind zum Teil weggetragen oder zumindest vor Ort hin und her bewegt. Und das alles sorgt dafür, dass ein Hund vom ersten Aufnehmen eines Geruchsbildes – und somit von der ersten geistigen Wahrnehmung des Geruchbildes – bis zur vollständigen Geruchsaufnahme – also bis zum vollständigen Geruchsbild – einige Sekunden brauchen kann.

Wenn Sie Ihrem Hund eine Freude machen möchten, legen Sie regelmäßig einen Geruchsspaziergang ein. Gehen Sie durch unbekannte Wälder, Auen oder Felder und lassen Sie Ihren Hund jeden Geruch solange erriechen, wie er möchte. Ihr Hund wird durch ein Feuerwerk von Bildern, die seine Nase zu seinem geistigen Auge transportiert, glücklich und müde werden. Beobachten Sie Ihren Liebling, mit welcher Freude und Konzentration er zu Werke geht. Oder machen Sie es Ihrem Liebling nach und gehen auch mal runter auf die Höhe seiner Hundenase und riechen Sie mit. Sie werden feststellen, die Welt „da unten" riecht ganz anders.

URIN. DIE VISITENKARTE.

Natürlich haben Sie beobachtet, dass Ihr Hund an bestimmten Stellen riecht und anschließend an diesen Stellen uriniert. Worum es dabei geht? Um einen Austausch von Informationen. Riecht ein Hund am Urin eines anderen Hundes, kann er viele Informationen über den anderen Hund erriechen. Dabei sind unter anderem folgende Informationen im Urin enthalten: [25]

1. Das Alter: Natürlich nicht Geburtstag und Geburtsjahr – aber schon, ob der Hund noch pubertiert oder schon erwachsen oder womöglich schon ein sehr betagter Hund ist.
2. Soziale Stellung: Ist der Hund eine leitende Persönlichkeit, ein unsicherer Zeitgenosse oder womöglich ein kopfloser Draufgänger?
3. Wohlbefinden: Ist der Hund krank oder schwer krank oder – was wir uns wünschen – kerngesund?
4. Wie sieht der Hormonhaushalt aus? Gibt es Mangelerscheinungen? Ist der Hund reproduktionsfähig oder sogar läufig?

Jetzt ist es aber nicht so, dass jedes Urinieren (Markieren) oder Hinterlassen einer Visitenkarte territorial

---

[25] BLOCH, Günther: *Der Wolf im Hundepelz.* a. a. O., S. 47 ff, S. 89 ff, S. 142 ff, S. 151 ff.

motiviert ist – also der Hund mit jedem Urinieren seinen Bereich (Territorium) abgrenzen möchte (populärer Irrtum!). Hunde haben ein inneres und äußeres Territorium und bei diesen Territorialgrenzen handelt es sich selten um unseren Gartenzaun oder unsere Haustür. Vielmehr sind diese Grenzen weiter vom Wohnhaus der Hunde entfernt. Hinzu kommt, dass insbesondere in Städten so viele Hunde beheimatet sind, dass diese Grenzen sich mehrfach überschneiden und somit von Hunden zunehmend vernachlässigt werden. Auch sieht man immer wieder, dass Hunde nach dem Urinieren intensiv scharren. Das sind keine dominanten Hunde, wie man häufig hört (weiterer populärer Irrtum!), sondern die Urin-Botschaft ist dem Hund so wichtig, dass sie optisch hervorgehoben wird. Auf diese Weise können andere Hunde sehen, dass hier vor kurzem eine Visitenkarte hinterlassen worden ist.

Hin und wieder kommt es zum Trockenmarkieren. Dies passiert immer dann, wenn ein Hund keinen Urin mehr vorrätig hat. Jetzt ist es ja schon eine bemerkenswerte Einrichtung der Natur, dass Hunde beim Markieren (Urinieren) nicht das Bedürfnis haben, sich komplett zu entleeren. So hat ein Hund fast immer ausreichend Urin vorrätig, um seine Visitenkarte zu hinterlassen. Aber es kann nach häufigem Markieren dazu kommen, dass ein Hund „leer" ist. Dies wird ihn jedoch nicht daran hindern, sein Markierungsritual fortzusetzen. Hier nutzen Hunde ihren „Plan B": Markieren ohne Urin oder besser gesagt, das oben genannte Trockenmarkieren.

Jetzt wo wir wissen, welch wichtige und soziale Bedeutung das Markieren hat, bedeutet dies im Umkehrschluss aber noch lange nicht, dass Hunde jede Laterne oder jede Hausecke anpinkeln müssen oder dürfen. Es reicht vollkommen aus, wenn Hunde öffentliche Bäume oder Sträucher mit ihrem Markierungsritual beehren. Ich lasse meine Hunde selbstredend nicht an Laternen pinkeln. Dabei denke ich an den Arbeiter, der diese Laternen technisch warten muss. Genauso lasse ich meine Hunde nicht Häuserecken oder Ähnliches markieren. Denn wenn dies ein Hund macht, wollen alle folgen. Und hier sind Ecken, gut sichtbare Sträucher oder Bäume sehr beliebt. Weil eben jeder Hund seine Visitenkarte gut sichtbar und gut riechbar – also zum Beispiel an einer Ecke – hinterlassen möchte.

Sie können das ungehemmte Markieren Ihres Hundes problemlos unterbinden und es da zulassen, wo Menschen und deren Häuser oder Arbeitsstätten nicht in Mitleidenschaft gezogen werden. Dafür darf Ihr Hund auf der Wiese, im Wald und auf dem Feld seiner Informationsleidenschaft nach Herzenslust nachgehen. Ich finde, das ähnelt dann schon wieder sehr unserem eigenen menschlichen Habitus. Facebook lässt grüßen.

MEIN HUND WILL NICHT ZUM ARZT.

Wer kennt es nicht: Man ist mit seinem Hund auf dem Weg zum Tierarzt und schon einige Meter vor der Praxis signalisiert der Hund seine Unsicherheit. Mitunter verweigert er sogar das Weitergehen. Er möchte das Unabwendbare abwenden.

Aber warum verhält sich der Hunde so?

Vielleicht hat der Hund bereits schmerzhafte Erfahrungen mit dem Tierarzt gemacht. Dann gibt es sicherlich eine negative Verknüpfung mit der Praxis und dem Arzt. Und das heißt, der Hund erinnert sich an eine unangenehme Erfahrung und möchte eine weitere unschöne Begegnung vermeiden. Verhält sich der Hund in der beschriebenen Art und Weise, handelt es sich um Unsicherheit.

Unsicherheit oder Angst?[26]

Allerdings können Hunde auch Angst vor dem Tierarzt haben. Dann ist verletzendes Beißen nicht auszuschließen. In diesem Fall muss der Hund zum Schutz aller einen Maulkorb tragen. Bitte achten Sie dabei darauf, dass der Maulkorb so beschaffen ist, dass der Hund freie Sicht hat und er keinen Druckschmerz durch den Maulkorb erleidet. Auch mit

---

[26] FEDDERSEN-PETERSEN, Dr. Dorit Urd: *Hundepsychologie, a. a. O.*, S. 108 ff.
HOROWITZ, Alexandra und WISSMANN, Jorunn: *Was denkt der Hund?* A. a. O., S. 96 ff.

Maulkorb soll der Hund problemfrei Wasser und Leckerchen aufnehmen können.

Ein Maulkorb gibt Sicherheit.

Wichtig: Mit einem perfekt sitzenden Maulkorb fühlen sich Hunde schon nach einer kurzen Gewöhnungsphase völlig unbeeindruckt. Leider haben Maulkörbe auf viele Menschen eine negative Wirkung. In ihren Augen signalisiert er Gefahr. Dabei ist genau das Gegenteil der Fall: Ein Maulkorb gibt allen Beteiligten Sicherheit. Die unverzichtbare Voraussetzung, damit der Tierarzt bei einem ängstlichen Hund die notwendigen Untersuchungen durchführen kann.

Kann Angst „ansteckend" sein?

In gewisser Weise ja. Denn auch Hunde, die noch nie bei einem Tierarzt waren oder die bisher völlig entspannt zum Tierarzt gegangen sind, können plötzlich Unsicherheit oder Angst zeigen. Und das nicht erst in der Praxis, sondern möglicherweise schon auf dem Weg dorthin. Woran das liegt? Der Hund riecht den Angsthormoncocktail, den andere Hunde über ihre Analdrüse auf dem Weg in die Praxis oder in der Praxis selbst abgesondert haben.

Holen Sie den Arzt ins Haus.

Die entspannteste Lösung für unsichere oder ängstliche Hunde ist es, den Tierarzt zu sich nach Hause zu bestellen. Das nimmt Hunden den Stress. In einigen Städten haben sich Tierärzte bereits auf diese mobile Behandlungsmöglichkeit spezialisiert.

WENN EIN HUND STIRBT.

Ein Thema, das uns allen das Herz schwer macht, das aber zum Leben dazu gehört, ist das Sterben. Und wenn uns unser Hund nach vielen schönen, gemeinsamen Jahren signalisiert: "Ich möchte und kann nicht mehr weiterleben – ich habe zu starke Schmerzen!", dann stehen wir vor der Frage und in der Verantwortung, zu entscheiden, ob wir unseren Hund von seinen starken Schmerzen durch einen Tierarzt erlösen lassen.

Lassen Sie mich Folgendes klarstellen:

Das Einschläfern von Tieren muss verantwortungs-bewusst bedacht werden. Es dürfen nur Hunde ein-geschläfert werden, die aufgrund einer Krankheit (z. B. aufgrund eines bösartigen Tumors) austhera-piert sind oder es für den Hund keine Behand-lungsmöglichkeit mehr gibt und die Schmerzen so stark sind, dass das Weiterleben nur noch eine Qual bedeutet.

Hunde mit Handicap, wie zwei- oder dreibeinige Hunde oder Hunde, die taub oder blind sind oder von Zeit zu Zeit Krampfanfälle haben oder ähnliche Handicaps, haben sehr wohl eine große Lebensqua-lität.

Ich kenne viele Menschen, die mit Hunden mit Han-dicap zusammenleben. Und alle diese Hunde er-freuen sich an ihrem Leben. Blinde Hunde spielen mit sehenden Hunden. Zweibeinige Hunde haben eine Laufhilfe. Dreibeinige Hunde laufen so unbeeindruckt, als gäbe es keine vierbeinigen Hunde. Diese Hunde dürfen nicht eingeschläfert werden.

Es kann ein Akt der Tierhilfe sein, Hunde einzuschläfern, weil es keine palliative Versorgung für sie gibt. Das heißt, es ist uns nicht möglich, Hunde mit Medikamenten – z. B. im Endstadium eines Krebsleidens – schmerzfrei zu halten.

Der Tierarzt schläfert Hunde ein, indem er ihnen 2 Narkosespritzen gibt. Die erste Spritze sorgt dafür, dass der Hund schmerzfrei und friedlich einschläft. Die zweite Spritze führt als Tod bringende Überdosis zum Herzstillstand.

Wenn das Unumgängliche notwendig wird, empfehle ich Ihnen, folgendermaßen vorzugehen:

Der Tierarzt sollte zu Ihnen nach Hause kommen. Es ist möglich, dass Hunde beim Vorgang des Einschläferns stark krampfen. Mediziner versichern, dass der Hund davon nichts mitbekommt, da dies nicht im Wachzustand geschieht. Für Anwesende ist das jedoch nicht leicht zu ertragen. Geben Sie deshalb Ihren Kindern, sehr sensiblen Familienmitgliedern, weiteren Hunden und anderen Tieren, die bei Ihnen leben, die Möglichkeit, sich von dem sterbenden Hund unmittelbar vor dem Einschläfern zu verabschieden. Ist dies geschehen, sollten diese Menschen und die Tiere den Raum verlassen.

Nehmen Sie nun Ihren Hund in den Arm und signalisieren Sie dem Tierarzt, wann er das Unumgängliche vollziehen soll.

Wenn das Leben aus Ihrem Hund in eine andere Welt geflossen ist, holen Sie alle Menschen und Hunde der Reihe nach wieder in den Raum. So haben nicht nur die Menschen, sondern auch die anderen Hunde bzw. Tiere die Möglichkeit, zu verstehen, was in den letzten Minuten passiert ist. Das ist wichtig, damit sie anfangen können zu trauern. Diese Trauerphase ist nicht nur wichtig für die Menschen, sondern insbesondere auch für die anderen Hunde, die möglicherweise in Ihrer Familie leben. Dabei kann diese Trauerphase bis zu 3 Monaten dauern.

Wenn die anderen Hunde nicht die Möglichkeit haben, von ihrem geliebten Gefährten Abschied zu nehmen, besteht die Gefahr, dass die übrig gebliebenen Hunde ihren vermissten Hundekumpel suchen. Immer wieder höre ich von Hunden, die über Tage auf der Suche nach ihrem verstorbenen Partner sind. Genau dies können Sie vermeiden, indem Sie es einrichten, dass Ihre anderen Hunde verstehen können, welch tragische Situation eingetreten ist. Auch mit Kindern muss der Verlust des geliebten Familienmitgliedes dem Alter entsprechend vor- und nachbereitet werden.

Kinder am Tod des geliebten Hundes nicht teilnehmen zu lassen, wird durch Erziehungswissenschaftler abgelehnt. Wenn Sie Hilfe oder Unterstützung benötigen, geben Ihnen Erziehungsberatungsstellen gerne, auch telefonisch, eine Hilfestellung und informieren Sie.

EMMY GEHT ÜBER DEN REGENBOGEN. EIN LIEBEVOLLER ABSCHIED.

Wer mit einem Hund lebt, lässt ihn in sein Herz. Und über die Jahre wird diese Liebe immer stärker. Doch es kommt die Zeit, in der wir als Hunde-Menschen lernen müssen, unseren Liebling los- und gehen zu lassen.

Für viele ein unvorstellbarer Gedanke, den sie nicht denken und ein sehr schmerzhaftes Gefühl, das sie am liebsten gar nicht fühlen möchten. Aber irgendwann – bei dem einen früher, bei dem anderen später – müssen wir uns mit dem Sterben und dem Tod auseinandersetzen. Das sind wir unserem geliebten Vierbeiner schuldig.

Ich weiß, wie schwer das ist. Denn ich habe im Sommer 2012 – gemeinsam mit meinem damaligen Partner und heute sehr guten Freund Christian – unsere Pointerhündin Emmy im Sterbeprozess begleitet. Auch heute noch, einige Jahre später, gibt es immer wieder Situationen, in denen ich intensiv an Emmy denke. So wie in diesem Moment des Schreibens. Jetzt ist sie wieder ganz nah bei mir ...

Doch wie schaffen wir es, diesen besonderen, erfahrungsreichen Weg mit unserem Hund gemeinsam gut zu gehen? Entscheidungen FÜR unseren Hund zu treffen?

In allererster Linie sollten wir lernen, unserem Gefühl zu vertrauen. Denn im Gefühl sind wir unserem

Hund am nächsten und nehmen auch seine Gefühle wahr. Ich weiß, das ist schwer.

Als Christian und ich damals an den Punkt kamen, an dem wir unsicher wurden, was für Emmy das „Richtige" ist – sie hatte eine starke Arthrose und ein schweres Herzleiden – haben wir uns nicht nur eng mit dem Tierarzt abgestimmt, sondern sind mit Homöopathie, Chiropraktik und Akupunktur auch alternative Wege gegangen. Und an dem Punkt, an dem unsere Unsicherheit am größten war, haben wir uns für die Begleitung durch eine Tierkommunikatorin entschieden. Einen Menschen, der sich während des gesamten Sterbeprozesses über die energetische Ebene – Bilder, Gedanken und Gefühle – mit Emmy verbunden hat.*

Für mich die beste Entscheidung, die wir treffen konnten. Denn nun hatten wir nicht nur Informationen über die rein körperlich sicht- und messbaren Symptome von Emmy, sondern bekamen zudem die großartige Möglichkeit, an ihren Gedanken und Gefühlen noch intensiver teilzuhaben. So wussten wir, dass Emmy zwar stark gehandicapt war und Schmerzen hatte. Aber wir wussten auch, dass sie ihr Handicap und die Schmerzen in Kauf nahm, um noch eine Weile bei uns bleiben zu können.

Eigentlich hatten wir Emmy „versprochen", sie eines natürlichen Todes sterben zu lassen. Doch es kam der Tag, an dem klar wurde, dass es Emmy nicht schaffte, loszulassen, obwohl sie starke Schmerzen hatte und sich kaum noch bewegen konnte. Und über die Tierkommunikatorin erfuhren wir, dass es für Emmy nun okay sei, dass der Tierarzt – den sie zu diesem Zeitpunkt bereits seit neun Jahren kannte – erlöste.

Wir bestellten ihn zu uns nach Hause. Wir brachten Emmy noch einmal in den Garten und legten sie danach auf ihr Hundebett. Der Tierarzt kam und bereitete alles vor. Schon während er dies tat, legte ich mich hinter Emmy und hielt sie fest in meinem Arm. Und schon während die ersten Tröpfchen des Narkosemittels in ihre Blutbahn gelangten, hörte sie einfach auf zu atmen. Ganz friedlich, ganz entspannt.

Nachdem der Tierarzt gegangen war, riefen wir im Tierkrematorium an und baten, Emmy bei uns zu Hause abzuholen. Dies dauerte etwa zwei Stunden. Zwei Stunden, in denen wir bei Emmy blieben, sie streichelten und anschauten. Ja, es war unendlich traurig, aber es war auch wunderschön, uns in aller Ruhe von ihr verabschieden zu können. Wir pflückten Gänseblümchen, stellten sie in einer kleinen Vase neben Emmys Liegeplatz und erzählten uns Geschichten, die wir mit ihr gemeinsam erlebt hatten.

Die Trauerphase war lang, intensiv und wichtig. Aber schon während dieser Phase entschieden wir uns, wieder einen Hund aus dem Tierschutz in unsere Familie aufzunehmen. Weil uns klar wurde, dass für dieses Wesen jeder Tag zählt, an dem es früher in seine neue Familie kommen kann. So kam im Sommer 2012 Juli aus Murcia – ein wirbelwindiges Deutsch-Kurzhaar-Mädchen. Und seit Frühjahr

2015 bereichert das aufgeweckte Vizsla-Mädchen Pauline das Leben von Christian. Sind Emmys „kleine Schwestern" beisammen, sieht jeder gleich, dass zwischen den beiden etwas Besonderes fließt. Sie suchen und sie finden sich – auch wenn sie mit vielen anderen Hunden zusammen sind. Das ist Hundeglück ...

*Mehr zum Thema „Tierkommunikation" erfahren Sie im nächsten Kapitel dieses Buches.

WAS IST TIERKOMMUNIKATION?

Ein Aufsatz von Silvia Orlando Akagi*

Die Frage ist so nicht ganz einfach zu beantworten. Dennoch unternehme ich den Versuch, die „Gespräche" mit unseren Tierfreunden so klar wie möglich zu erklären:

Was für Naturvölker selbstverständlich war und auch heute noch ist, haben wir im Laufe der Zeit und mit zunehmender Zivilisation leider verlernt, obschon wir die Fähigkeit des inneren Dialoges in uns haben.

Als Tierkommunikatorin rede ich natürlich nicht mit den Tieren im üblichen Sinn und sie reden auch nicht mit mir. Die „Gespräche" finden auf einer anderen Ebene statt, auf der Ebene der universellen Sprache. Das ist telepathische Kommunikation.

Um mit einem Tier zu kommunizieren, betrachte ich sein Foto, um mich mit ihm zu verbinden und mich in sein Herz/seine Seele einzufühlen. Die Fragen seines Menschen schicke ich ihm als Gedanken und in Bildern. Die Antworten erhalte ich ebenfalls in Gedanken und Bildern, das kann aber auch auf der Gefühlsebene sein. Es kommt – wenn auch sehr selten – vor, dass ein Tier nicht gerade dann kommunizieren möchte, wenn ich es anspreche. Dies gilt es zu respektieren, was immer auch der Grund sein mag. Dennoch: Unsere Tiere kommunizieren immer wieder mit uns, versuchen zu uns durchzudringen, um uns ihre Anliegen mitzuteilen. Wenn wir uns taub stellen, können sich diese schlussendlich in unerwünschtem Verhalten wie Unsauberkeit, Aggressivität, Zerstörungswut usw. äußern.

Im „Dialog" mit den Tieren können wir der Ursache von unerwünschtem Verhalten auf den Grund gehen. Es geht danach darum, gemeinsam mit ihnen und ihren Menschen Lösungen zu finden und/oder Missstimmungen und Probleme im Umgang miteinander in den Griff zu bekommen.

Tiere können uns auch vermitteln, ob und wo sie Schmerzen empfinden. Dadurch ist es möglich, bei Genesung von Krankheiten Hilfestellung zu leisten (begleitend zur tierärztlichen und/oder tierheilpraktischen Behandlung). Sei es mit Bachblüten, Aura Soma, Baumessenzen, TTouches, Schamanischen Techniken oder mit energetischer Arbeit. Dabei ist es mir wichtig zu erwähnen, dass TierkommunikatorInnen keinen Tierarzt ersetzen, es sei denn sie hätten diesen Beruf erlernt.

Tierkommunikation ist eine gute und ratsame Möglichkeit, Tiere über bevorstehende Veränderungen wie Wohnungswechsel, Familienzuwachs, Ferienaufenthalt usw. vorzubereiten, damit sie sich rechtzeitig auf die neue Situation einstellen können.

Eine Tierkommunikation ist nicht der Weg, um unseren Tieren unseren eigenen Willen aufzuzwingen wie z. B. dass sie sich gefälligst uns anzupassen haben. Wenn der Mensch nicht dazu bereit ist, sich einzubringen, d. h. an einer Veränderung mitzuwirken, ist nach meiner Erfahrung eine Tierkommunikation nicht hilfreich. Zumal die Ursache „tierischer" Probleme und Verhaltensauffälligkeiten zum größten Teil beim zugehörigen Menschen liegt. Sie mögen jetzt denken: „Ich sorge doch gut für mein Tier!" oder ähnlich. Aber dann würden Sie vielleicht diese Zeilen gar nicht lesen.

Seien wir uns also auch bewusst, dass viele Tiere unsere Lasten mittragen, uns den Spiegel vor die Nase halten oder sich – im äußersten Fall – sogar für ihre Menschen opfern können.

So ist es durchaus hilfreich, dem belasteten Tier zu vermitteln, dass man sein „Päckchen" zurücknimmt, weil es „das eigene Ding" ist. Im Grunde geht es darum, die Selbstverantwortung wahrzunehmen, die oft gänzlich unbewusst „delegiert" wird.

Jedes Lebewesen ist einzigartig und verdient als solches Liebe und Respekt. Ein tiefes Verständnis für unsere Tiere und die Fähigkeit, ihnen zu helfen, ist nur möglich, wenn wir sie als ganzheitliche Wesen betrachten. In ihrem physischen, emotionalen, mentalen und spirituellen Aspekt.

Nicht zuletzt sind uns unsere Tiere Freunde und Begleiter. Wir können einiges von ihnen lernen. So auch im Hier und Jetzt zu leben, schon weil sie nicht wie wir alles analysieren.

Wenn unsere Tiergefährten von uns gehen

Etwas vom Berührendsten in meiner Arbeit ist es, ein Tier in der letzten Phase seines Lebens und beim Übergang „ins Licht" zu begleiten. Fast immer vermitteln mir Abschied nehmende Tiere noch Botschaften an deren Menschen, die so wunderbar sind, dass sie in Trennungsschmerz und Trauer viel Trost zu spenden vermögen.

Wie Christine Reichmann im vorliegenden Buch erwähnt, durfte ich ihre und Christians Pointerhündin Emmy während ihren vier letzten Lebensjahre begleiten. Diese Erfahrung zählt zu den zutiefst bewegenden, nicht zuletzt dank Christines und Christians großer Liebe zu ihrer wunderbaren Emmy, ihrer Offenheit der Tierkommunikation gegenüber und unserer fruchtbaren Zusammenarbeit.

Als ich Emmy erstmals (über ein Foto von ihr) begegnete, war sie acht oder neun Jahre alt. Bevor sie nach Deutschland zu Christine und Christian kam, lebte sie in Spanien, wo sie aufs heftigste misshandelt und missbraucht worden war.

Als erstes nahm ich eine tiefe Trauer über ihre Vergangenheit wahr und war sehr ergreifend, ihre starken Gefühle zu spüren. Ihr liebevolles und sanftes Wesen zeugte von einer hohen Sensibilität und Verletzbarkeit.

Obschon unendlich dankbar, dass sie von ihrem tragischen Schicksal erlöst wurde, war sie immer noch stark traumatisiert. Es brauchte nicht viel, um Bilder von früher wieder hochkommen zu lassen. Sie hatte einen immensen Nachholbedarf an Nähe, Zuwendung und Liebe. Emmy zeigte mir ihre Vergangenheit und damit erfuhren wir sowohl die Ursachen für ihre körperlichen Gebrechen wie auch ihrer verletzten Seele, und wie wir ihr helfen konnten.

Im Laufe der Zeit wurde mir Emmy immer mehr zur Freundin, die frei von der Leber weg erzählte, wie ihr jeweils zumute war, wobei sie manchmal auch ihre Schmerzen mit Humor zu nehmen wusste.

Es würde den Rahmen dieses Aufsatzes sprengen, zu erzählen, welch weiten Weg wir alle gemeinsam gegangen sind: Emmy, Christine, Christian und ich. Und wie viel wir von Emmy erfahren und lernen durften.

Sie brauchte zunehmend mehr Pflege, was letztlich für ihre beiden Menschen zu einem extremen Aufwand wurde. Dessen war sich auch Emmy bewusst. Doch in all der Zeit gab sie auch unendlich viel zurück.

Vier Monate vor ihrem Abschied übermittelte sie:

„Liebe ist: füreinander da zu sein, voneinander zu lernen und mit ganzem Herzen zueinander ja zu sagen, ganz egal was geschieht oder was einem bevorsteht."

Als Emmy dem Ende ihres irdischen Daseins immer näher kam, spürte ich ihre Schwäche und ein leichtes Schweben, als würde sie sich allmählich von ihrem Körper lösen.

Am Tag zuvor verband ich mich wieder mit ihr. Es war wie immer sehr berührend mitzuerleben, wie präsent Emmy ihren Sterbeprozess erlebte und Botschaften schickte:

„... Festhalten und Loslassen geschehen gleichermaßen ..." und:

„... Die Bande zwischen uns sind unlösbar ..."

Dennoch fiel es Emmy nicht leicht, ihre Menschen zu verlassen. Wenige Stunden bevor sie starb, vermittelte sie:

„Ich bin bereit zum Gehen, doch es tut weh, meine Menschen so traurig zu sehen! Meinen Körper spüre ich nicht mehr. Es ist ein Leichtes, den letzten verbindenden Faden zu trennen.

In tiefer Dankbarkeit denke ich an die schönsten Jahre meines Lebens zurück, die mir meine beiden geliebten Menschen ermöglicht haben.

Jetzt bin ich schon auf dem Weg ins Licht, auch wenn der letzte Schritt noch nicht vollzogen ist. Ich fühle mich leicht. Alles Schwere habe ich hinter mir gelassen ..."

Im letzten Moment ihres Daseins kam von ihr völlig entspannt:

„Es ist schön, euch alle bei mir zu spüren".

Es sind die magischen Momente, die mich immer wieder demütig vor der Seelengröße unserer Tiere werden lassen und ich bin zutiefst dankbar, dass ich Tierkommunikatorin und –therapeutin sein darf. Unseren Katzen verdanke ich es, dass ich diesen Weg gegangen bin. Allen voran unserem Kater Kuma.

Kuma begleitete mich von seinem ersten bis zu seinem letzten Atemzug und war mir auch treuer Gefährte während meinen „Lehr- und Wanderjahre". Trotz seiner langjährigen Diabetes und späteren Blindheit verlor Kuma keinen Augenblick seine Würde. Er blieb stets selbstbewusst und gleichermaßen in sich selbst ruhend. Nicht wenige Menschen, die ihm begegneten, spürten seine ungewöhnliche Ausstrahlung. Er war ein tapferer Kämpfer mit ausgeprägtem Lebenswillen. Jeden Moment seines Daseins wusste er zu genießen, auch wenn ihm Schmerzen immer wieder arg zusetzten.

Mit einer von Kumas unzähligen Botschaften möchte ich dieses Kapitel beschließen:

„Es lebe das Leben! Genießt es, seid fröhlich! Das Leben ist viel zu kurz, um traurig durch die Welt zu gehen!"

*Über Silvia Orlando Akagi:

Nach einem abwechslungsreichen Leben sowohl als Mutter und Berufstätige (Kauffrau, Journalistin, Kulturschaffende und Kleinverlegerin) begann Silvia Orlando Akagi relativ spät mit der Ausbildung zur Tierkommunikatorin (Jacqueline Kramer, Theraphie-Praxis „Naturgeflüster"). Um den Tieren und ihren Menschen ein breites Spektrum an Unterstützung anbieten zu können, absolvierte sie dort anschließend die Seminare zur Schamanischen Wegbegleiterin und Tiertherapeutin. Ergänzend hinzu kamen „Neue Homöopathie" (nach Petra Neumayer und

Roswitha Stark) sowie „Trance Healing" (Jérôme Rey). Im August 2015 zertifizierte sie sich in der Akademie „Spirituelle Medizin I & II" (Othmar Jenner). Silvia Orlando Akagi hat zwei erwachsene Töchter und vier Enkel. Sie lebt mit ihrem Lebenspartner und mehreren Katzen im Zürcher Oberland.

Kontakt: seelenwelten@greenmail.ch

HUNDE KONTRA WILDTIERE.

Ganz ehrlich – ich möchte nicht um den heißen Brei schreiben. Leider geschieht es immer wieder, dass Hunde Wildtiere hetzen. Also jagen, verletzen und töten. Dabei nehmen die Menschen, die zu den Hunden gehören – hier kann ich nicht von Leitmenschen schreiben – das Verletzen und Töten von Wildtieren durch ihre Hunde billigend in Kauf. Opfer sind sehr häufig Igel, junge Rehe, Frischlinge und Bodenbrüter.

Fühlende Wildtiere werden durch Hunde, die selber womöglich vor dem Tod in einem mediterranen oder osteuropäischen Land gerettet wurden, gejagt und unter Todesangst gesetzt. Diese Hunde ergreifen nicht selten die Wildtiere und verbeißen sich in die armen Geschöpfe. Maximale Schmerzen und häufig der Tod der Wildtiere sind die Folge. Das ist ein unerträglicher Zustand und ganz allein die Schuld der unverantwortlich handelnden Menschen, die zu den Hunden gehören.

Warum Hunde jagen? Weil sie beim Jagen ein super schönes Gefühl verspüren. Nur sehr wenige Hunde jagen, um die Beute zu fressen. Auslöser für dieses „Jagdgefühl" ist unter anderem der Botenstoff Dopamin, der während des Jagens ausgeschüttet wird. Haben Hunde dieses besondere Hochgefühl einmal erlebt, werden sie geradezu süchtig danach.

Jeder von uns, der schon einmal verliebt war, hat eine Idee davon, wie Hunde sich beim Jagen fühlen.

Denn bei uns Menschen wird in der ersten Phase des Verliebt seins ebenfalls unter anderem der Botenstoff Dopamin ausgeschüttet. Der Grund, warum wir uns in dieser Phase so fantastisch fühlen, dass wir keinen Kopf mehr für andere Dinge haben. Was uns dies verbildlichen soll? Hunde sind beim Jagen auf der Jagd nach dem großen Gefühl.[27]

Lassen Sie es mich in aller Deutlichkeit schreiben: Wer seinen Hund nicht zu 100 Prozent unter Kontrolle hat, muss ihn an der Leine führen. Selbst eine Schleppleine ist kein ausreichender Schutz für Wildtiere. Gerade Hasen, Igel und Bodenbrüter verstecken sich im Unterholz oder in Wiesen und können so von Hunden, die an der Schleppleine geführt werden, in Sekundenbruchteilen erreicht werden. Das heißt es zu verhindern. Überall dort, wo Wildtiere sind oder zu vermuten sind – also in Wäldern, Auen, auf Feldern und Wildwiesen gehören Hunde an die kurze Leine.

Solch ein Spaziergang durch Wildgebiete kann für Hunde trotz der kurzen Leine höchst interessant und ermüdend sein. An der kurzen Leine können Hunde schnüffeln, was das Zeug hält (sieht auch Kapitel „Die Nase"). Lassen Sie Ihren Hund solange, wie er möchte, an den Spuren riechen. Nur ins Unterholz oder in die Wiese darf der Jäger auf vier Beinen nicht.

---

[27] ULLRICH, Ariane und GRÖNING, Pia: *Antijagdtraining. Wie man Hunde vom Jagen abhält..* Aufl. 10, MenschHund Verlag, 2015.

Für den freien Auslauf gibt es Freilaufflächen, die frei von Wildtieren sind. Vielleicht gibt es ja auch in Ihrer Nähe eine eingezäunte Freilauffläche. Zudem bieten Hundeschulen Spielstunden auf dem gesicherten Hundeschulgelände an. Und wenn es in Ihrer Nähe keine eingezäunte Freilauffläche gibt, suchen Sie sich Gleichgesinnte und schaffen gemeinsam selbst eine eingezäunte Freilauffläche. Dafür braucht es nur verantwortungsbewusste Menschen, die den ersten Schritt machen – also andere als die Menschen, die ihre Hunde jagen lassen –, ein geeignetes Gelände und ein paar gute umsetzbare Ideen. Legen sie los! Ihr Hund und die Wildtiere werden es Ihnen danken.

JAGDHUND RETTET IGEL.

Igel sind gern gesehene Gäste in unseren Gärten. Sie fressen Schädlinge und sehen mit ihrer Stupsnase putzig aus. Leider wird ihr Lebensraum immer mehr zerstört. Um zu überwintern, braucht ein Igel Laub- und Geäst-Haufen, um sich vor Kälte zu schützen und seinen Winterschlaf unbeschadet abzuhalten.

Da Gärten insbesondere in Städten eingezäunt sind und zudem von Laub und Ästen gesäubert werden, finden Igel nur selten ein geeignetes Winterquartier. Auch das Futterangebot wird im Herbst immer geringer. Igel brauchen Fallobst und Insekten, um sich wenigstens 500 Gramm Körpergewicht anzufuttern. Diese 500 Gramm brauchen Igel, um den Winterschlaf zu überleben. Auch Igel mit mehr Gewicht, die schon einige Jahre alt sind, leiden im Herbst häufig Hunger. Sie sind mangelernährt. Und in solch einer Situation findet ein Igel nicht in den Winterschlaf. Die Tiere werden krank und sterben.[28]

Die größte Gefahr für Igel ist der Autoverkehr. Igelbabys sind in den ersten Lebenswochen hilflos und auf ihre Mutter angewiesen. Der Igelvater hat mit der Aufzucht der Nachkommen nichts zu tun. Die Igelmutter säugt ihre Kleinen und muss sich auch um ihre eigene Nahrung kümmern. Somit verlässt sie regelmäßig den Bau, um auf Futtersuche zu ge-

---

[28] www.pro-igel.de, Stand: 30.10.2015

hen. Leider kommen viele Igelmütter von der Futtersuche nicht zurück, weil sie Opfer des Straßenver-
kehrs werden. In solch einem nicht seltenen Fall ist
das Schicksal für die Jungtiere besiegelt. Sie werden ohne Aussicht auf Hilfe qualvoll sterben.

**Was können wir Menschen, die mit einem Jagd-
hund zusammenleben, tun, damit die Igelpopula-
tion gestärkt wird?**

Wir können mit unserem Jagdhund auf Igelsuche
gehen. Zum einen wird Ihr Hund durch diese Na-
senarbeit ausgelastet. Zum anderen genießt Ihr
Hund es sicherlich auch, mit Ihnen gemeinsam etwas so Intensives zu unternehmen. Und nicht zu
vergessen: Sie können Igel retten!

Was brauchen Sie zur Igelrettung?
1. Eine Baumwolltasche
2. Ein Paar Arbeitshandschuhe
3. Eine Küchenwaage
4. Einen Umzugskarton
5. Alte Zeitungen
6. Eine kleine Schale mit Wasser (KEINE MILCH!)
7. Katzenfutterschälchen à 100 g
8. Eine Taschenlampe
9. Eventuell eine Transportbox
10. Informationen, wo sich die nächste Igelstation
    befindet

Und so gehen Sie vor:

Die Igelsuche beginnt in der Regel mit dem ersten Frost im November[29] – in der Dämmerung oder später. Denn dann sind die nachtaktiven Igel unterwegs. Sollten Sie tagsüber einen Igel sehen, können Sie ihn sofort einsammeln. Das Tier ist entweder krank oder unterernährt, sonst würde es sich nicht tagsüber zeigen. Stellen Sie den Igel einem Tierarzt vor. Dafür müssen Sie keine Kosten übernehmen. Tierärzte sind verpflichtet, Wildtiere kostenfrei zu behandeln. Meistens entlohnt die Stadt oder die Kommune den Tierarzt mit einer Pauschale. Anschließend bringen Sie den kleinen Kerl zur nächsten Igelstation. Wo sie ist, finden Sie im Internet. Gerne informiert Sie auch Ihr örtliches Tierheim. Die Igelstation übernimmt dann die Pflege und wildert den Igel im nächsten Frühjahr wieder aus.

Auf Igelsuche:

Suchen Sie einen Park oder eine Wiese mit angrenzendem Gebüsch auf. Geben Sie Ihrem Hund nicht mehr als 1,50 m Leine. Es kann sein, dass der Igel Sie und Ihren Jäger frühzeitig bemerkt, dann kugelt er sich ein und ist kaum zu sehen. Nutzen Sie die Taschenlampe nur bei einer klaren Sichtung oder beim Auflesen des Igels. Das Licht würde den Igel sonst frühzeitig verscheuchen. Halten Sie Ihren Hund gut fest. Lassen Sie ihn jeder Spur nachgehen. Sie gehen jetzt absolut ruhig und langsam mit

---

[29] www.pro-igel.de, Stand: 30.10.2015

Ihrem Hund und beobachten das umliegende Gebiet. Wenn Ihr Hund eine ganz heiße Spur hat oder den Igel sichtet, wird er stark ziehen oder seine Muskulatur stark anspannen. Jetzt den Hund nicht weiter gehen lassen, ohne dass Sie sich Meter für Meter sicher sind, dass kein Igel von Ihrem Hund erreicht werden kann. Bei einer Igelsichtung machen Sie Ihren Hund am nächsten Baum oder der nächsten Bank fest. Dann Handschuhe anziehen, Taschenlampe an und den Igel vorsichtig in die Baumwolltasche hineinlegen. Aber natürlich nur, wenn er unterernährt bzw. untergewichtig ist. Im Zweifel nehmen Sie den Igel mit. Vorsicht: Igel sind voller Parasiten und riechen sehr unangenehm.

Dann nehmen Sie die Tasche mit dem Igel mit der einen und Ihren Hund an der Leine mit der anderen Hand. Und dann schnell zur warmen und trockenen Zwischenaufbewahrungsstelle.

Als Zwischenaufbewahrungsstelle eignen sich ausbruchsichere Schuppen, Garagen und Keller. In der Wohnung oder im Haus geht auch. Das ist jedoch mit einer Geruchsbelästigung verbunden. In der Zwischenaufbewahrungsstelle angekommen, geht der Igel in den mit reichlich gehäuften Papier ausgelegten Umzugskarton. Jetzt können Sie sich die Ruhe nehmen und den Igel genau anschauen. Ist er verletzt, bringen Sie den Igel sofort zum Tierarzt – spätestens am nächsten Morgen. Wiegen Sie den Igel. Wenn der Igel mehr als 500 Gramm wiegt, nicht unterernährt und verletzt ist, setzen Sie den Igel sofort am Fundort aus. Gerne können Sie ihm eine 100-Gramm-Schale Katzenfutter dazustellen. Unterernährt sind Igel, wenn sie mehr als 500 Gramm wiegen, z. B. 700 Gramm, aber im hinteren Körperbereich geradezu dreieckig aussehen. Der Körper ist in diesem Bereich stark abgemagert. Ist der Igel unterernährt oder wiegt unter 500 Gramm, bringen Sie ihn am nächsten Tag zur Igelstation. Zum Tierarzt müssen Sie nur bei Verletzungen oder anderen Auffälligkeiten. Stellen Sie Ihrem Gast für 24 Stunden 100 Gramm Katzenfutter und Wasser in den Karton. Geben Sie dem Igel innerhalb von 24 Stunden nicht mehr als 100 Gramm Futter. Geben sie dem Igel nie Milch, nur Wasser. Sonst könnte der Igel eine schwere Kolik bekommen und unter Umständen daran sterben!

Rührt der Igel über Nacht das Futter nicht an, muss er dringend zum Tierarzt.

Wenn Sie alles beachtet haben, reicht es aus, wenn Sie den Igel am nächsten Tag zur Igelauffangstation bringen.

Hier ein paar Zahlen von meinen Igelrettungsversuchen mit der Jagdterrier-Mix-Hündin Paula, dem Pointer-Mix Lupo und der Deutsch-Kurzhaar-Hündin Juli:

Winter 11/12: 3 Igel

Winter 12/13: 0 Igel

Winter 13/14: 2 Igel

Winter 14/15: 1 Igel

Winter 15/16: 1 Igel

Tun Sie es uns nach. Denn jeder gerettete Igel kann nach seiner Auswilderung im Frühjahr für Nachkommen sorgen. Oder anders gesagt:

JEDES TIER ZÄHLT!

DIE ÜBERSEHENE QUAL.

Es macht für Hunde keinen Unterschied, ob sie vom Züchter, aus dem Tierheim oder von einer Tierschutzorganisation kommen. Sie fühlen sich elend, unverstanden, hilflos, unterbeschäftigt und haben nicht selten Schmerzen. Sie sind krank an Körper und Seele.

Unabhängig von Art und Biografie handelt es sich hierbei um Hunde, die aus den unterschiedlichsten Gründen tagtäglich in unseren Großstädten gequält werden: Hunde, die nicht von der Leine kommen, weil sie nicht hören und ihren angezüchteten Ambitionen nachgehen.* Hunde, die nicht von der Leine kommen, weil sie vermenschlicht werden und ihre Menschen in jeder Interaktion unter Hunden eine gefährliche Beißattacke sehen.

Genau hingeschaut, haben die Menschen dieser bedauernswerten Hunde nicht die geringste Kenntnis von Caniden und ihren Bedürfnissen. Und zu allem Überfluss bauen sie um sich und ihr eigenes Fehlverhalten eine erklärende Legende auf. In der Regel werden Gründe aufgeführt wie, der Hund habe Angst vor anderen Hunden und schon Schlim-

---

* Hunde, die nicht rückrufbar sind bzw. Menschen, die ihren Hund nicht zurückrufen können, brauchen eine gute Schulung. Mein Tipp: Lesen Sie hierzu auch das Kapitel „Wie finde ich die gute Hundeschule?".

mes erlebt. Nach genauer Schilderung des Erlebten zeigt sich jedoch in der Realität zumeist eine völlig normale Interaktion zwischen Hunden, die von den dazugehörigen Menschen zumeist völlig falsch interpretiert wurde. Die hündische Kommunikation[30], die natürlicherweise auch Ausdrucksformen wie Luft- und Fellschnappen beinhaltet, wird in derartigen Situationen völlig zu Unrecht und aus Unwissenheit als aggressives Beißverhalten gewertet.

Selbst wenn der besagte Hund eine Verletzung durch eine Attacke eines Problemhundes durchleiden musste, rechtfertigt dies noch lange keine Qualhaltung durch das konsequente Unterbinden von Kontakten zu Artgenossen. Ganz im Gegenteil, der Hund wird durch diese Haltung immer unsicherer und die Wahrscheinlichkeit ist groß, dass er genau aus diesem Grund zum Opferhund wird. Zudem ist eine unterentwickelte Muskulatur in derartigen Qualhaltungen unausweichlich.

Gerne wird zu allem anderen Übel der Hund dann noch mit Leckerchen gemästet. Dies führt dazu, dass die Diagnose von Wohlstandskrankheiten wie Diabetes, Gelenk- und Herz-Kreislauf-Erkrankungen heutzutage zum Alltagsgeschäft unserer Großstadtveterinäre gehört.

---

[30] BLOCH, Günther: *Die Pizzahunde.* Aufl. 1, Frankh Kosmos Verlag, 2007, S. 36, S. 179 ff., S. 229 f.

Ausgeglichen und glücklich sind Hunde nur dann, wenn sie eng mit ihren Menschen zusammenleben. Wenn sie viele ausgiebige Kontakte zu ihren Artgenossen haben. Wenn sie in ihrem Tagesablauf klare Strukturen und Regeln erfahren und sich täglich mindestens zwei Stunden ohne Leine auspowern können. Nur glückliche Hunde lieben ihren Leitmenschen. Die bedauernswerten anderen Wesen leiden massiv unter ihrem quälenden Besitzer.

Gerne können Sie Material zur Thematik als PDF-Datei von unserem Blog www.mensch-hund-und.de herunterladen.

Robert Langer & Christine Reichmann, Initiative „Mensch Hund und"

HUND IM NACKEN.

Wer liebt sie nicht: diese großen Kulleraugen von Tierbabys? Wer erfreut sich nicht am Spiel von jungen Hunden oder Katzen? Wen erfüllt die freudige Begrüßung seines Hundes nicht mit Glück? Wer ist nicht berührt von dem herzerweichenden Schrei eines Hundes, dem man versehentlich auf die Pfote getreten ist?

Sicherlich zählt sich die große Mehrheit aller Menschen zu den tierliebenden, die nichts Böses für die Katze und/oder den Hund in der Familie wollen. Dennoch haben immer mehr Menschen einen Hund oder eine Katze im Nacken. War es noch zum Jahrtausendwechsel verpönt, einen Pelz zu tragen, hat sich dies mittlerweile grundlegend geändert. Fast jeder Dritte in Deutschland hat in den vergangenen Herbst- und Wintermonaten ein Bekleidungsstück mit Pelzbesatz gekauft. Überwiegend Jacken und Mäntel mit einem Pelzkragen, aber auch Schuhe, Stiefel, Mützen, Handschuhe und Pullover mit einem Pelzbesatz sind schon seit einigen Jahren der Modehit. Insbesondere beim Pelzbesatz am Kragen ist zu beobachten, dass der Pelzbesatz immer breiter wird. Und das heißt schlicht und ergreifend: Immer mehr Tiere müssen für unsere Mode mit dem Leben bezahlen. Im unteren und mittleren Preisbereich besteht der Pelzbesatz fast immer aus dem Fell von Hunden, Kaninchen oder Katzen. In höheren Preissegmenten sind es nicht selten Füchse oder andere Pelztiere. Die Hersteller dieser Bekleidung und die Modehäuser, die diese Bekleidung verkaufen, müssen den Echtpelz nicht deklarieren! Um den Käufer zu täuschen, werden Kunstnamen kreiert.

Hier eine Auswahl dieser Kunstnamen[31], von denen es über siebzig Wortschöpfungen in der Modebranche gibt, um den Echtpelz bzw. das Echtleder von Hunden, Katzen und anderen Pelztieren zu verschleiern:

Loup d'Asie	Hund
Gaewolf	Hund
Bio-Wolf	Hund
Corsac Fox	Hund
Lipi	Katze
Maopee	Katze
Goyangi	Katze

Für die Modehersteller sind Echtpelze von Hunden, Katzen und Kaninchen günstiger als Web- oder Kunstpelze. Nur Bekleidungsstücke, die als Kunst- oder Webpelz (Fake Fure) deklariert sind, enthalten kein Tierfell. Erntezeit nennen die Pelztierzüchter das massenhafte Abschlachten von Hunden, Katzen und anderen Tieren. Allein für den deutschen Modemarkt werde in Asien jährlich hunderttausende

---

[31] www.kunstpelz-ist-echt.de, www.gelabelt.de, Stand: 03.04.2016

Tiere getötet. Das Leben der bedauernswerten Pelztiere in den Pelzfarmen ist voller Schmerz und Entbehrungen. Die Tötungsmethoden sind unerträglich grausam. Auch im nächsten Herbst werden Sie wieder sehen, wie modebewusste Menschen liebevoll mit ihrem Hund umgehen und gleichzeitig einen Hund im Nacken tragen. Die Nachfrage bestimmt nach wie vor den Markt. Wenn keine Bekleidung mit Pelzbesatz gekauft wird, werden die meisten Pelzfarmen verschwinden und das Töten und das Quälen könnte ein Ende haben.

Bitte verzichten Sie auf Bekleidung mit Pelzbesatz. Informieren Sie Ihre Familie und Freunde über das Geschäft mit dem Fell von Hunden, Katzen und anderen Pelztieren. Weitere Infos zu diesem Thema finden Sie unter anderem bei www.kunstpelz-ist-echt.de und www.gelabelt.de

Gerne können Sie Material zur Thematik als PDF-Datei von unserem Blog www.mensch-hund-und.de herunterladen.

Robert Langer & Christine Reichmann, Initiative „Mensch Hund und"

KASTRATION. EIN OFFENER BRIEF.

An Menschen, die mit Hunden zusammenleben, Tierschützer, Veterinäre, Hundeprofis & Interessierte.

Täglich werden in Deutschland Hunde AMPUTIERT, obwohl es verboten ist (§ 6 Tierschutzgesetz).[32]

Nicht wenige der amputierten Hunde leiden ein Leben lang unter diesem Eingriff und seinen Folgen.[33]

Sie können schwer krank werden – wie zum Beispiel unter Demenz, Inkontinenz oder Tumorbildungen leiden.

Einige Hunde werden nach der Amputation verhaltensauffällig. Unsichere Hunde bleiben mitunter unsicher und jagdlich ambitionierte Hunde können kaum noch oder gar nicht mehr von der Leine gelassen werden, weil sie nur noch jagen wollen. Die amputierten Hunde verhalten sich selten wie erwachsene Hunde und können immer wieder willkommene Opfer von anderen Hunden werden.

WIR SPRECHEN VON KASTRATION!

Das Entnehmen von Organen (Eierstöcken, Gebärmutter, Hoden) ist eine Amputation. Somit werden

---

[32] www.gesetze-im-internet.de/tierschg, Stand: 30.10.2015
[33] GANSLOßER, Dr. Udo: *Kastration und Verhalten beim Hund.* Aufl. 2, Müller Rüschlikon Verlag.

Hunde, denen zur Kastration Organe entnommen werden amputiert.

Ohne akute Erkrankung, die eine Amputation tatsächlich notwendig macht, ist eine Kastration immer ein verbotener und unumkehrbarer, massiver Eingriff in den Hormonhaushalt der Hunde. Dabei können die Nachteile für den Hund erheblich sein.

Mit Sterilisation bezeichnet man das Durchtrennen der Eierstöcke bei Hündinnen sowie das Durchtrennen oder Abbinden der Samenleiter bei Rüden. Bei diesen Eingriffen – die nur in seltenen Fällen durchgeführt werden – werden keine Organe entnommen und die Hormonbildung bleibt aktiv. Insbesondere die Sterilisation (Durchtrennen der Samenleiter) bei Rüden ist weitaus weniger aufwändig und mit weniger Risiken behaftet als eine Kastration/Amputation. Ein ungewollter Deckakt wird auch mit diesem, den Hormonhaushalt erhaltenden, Eingriff wirkungsvoll verhindert.

Aussagen wie „Der Hund ist nach der Kastration nicht mehr dominant.", „Es kommt zu keinem Tumor am Gesäuge." oder „Der Hund leidet sonst unter der Läufigkeit." sind nicht nur nicht belegbar, sondern auch durch Studien weitgehend widerlegt. Auch muss an dieser Stelle gesagt werden, dass eine Amputation/Kastration keine Verhaltenstherapie ersetzt. Es sind schlicht populäre Irrtümer, die von verantwortungsvollen Menschen zum Wohle ihrer Hunde hinterfragt werden müssen.[34]

Die meisten der gut ausgebildeten und erfahrenen Hundeprofis werden fast immer von einer Amputation der primären und sekundären Geschlechtsorgane (Kastration) abraten.

Seien und bleiben Sie kritisch! Wenn Ihr Tierarzt oder Hundeprofi eine Kastration Ihres Hundes anrät, fragen Sie unbequem nach dem Warum. Holen Sie sich eine zweite Meinung ein und lesen Sie die in diesem offenen Brief aufgeführten Bücher/Studien zu diesem Thema.

Gerne können Sie Material zur Thematik als PDF-Datei von unserem Blog www.mensch-hund-und.de herunterladen.

Robert Langer & Christine Reichmann, Initiative „Mensch Hund und"

---

[34] NIEPEL, Dr. Gabriele: *Kastration beim Hund.* Aufl. 1, Franckh Kosmos Verlag, 2007. Diese Veröffentlichung ist auch bekannt als „Bielefelder Studie".

HANDELN. MIT HERZ UND VERSTAND.

Menschenfeindlichkeit, Umweltzerstörung und Missbrauch von Tieren haben eine Gemeinsamkeit: fehlendes Mitgefühl!

Ob ich auf einer Demonstration für Menschenrechte bin oder ob ich mit meinen Teampartnerinnen und -partnern einen traumatisierten Hund und seine Leitmenschen unterstütze. Oder ich Menschen bei einer Informationsveranstaltung zu Umweltschutzthemen begegne – ich sehe viele aktive Menschen (Aktivisten) bei ihrem herz-haften Handeln.

Ich sehe Menschen, die zum Schutz von Menschen, Tieren und Umwelt erfolgreich im Kleinen etwas bewegen. Dabei tut jeder einzelne durch sein Handeln etwas ganz Großes. Hilft jede dieser Aktivitäten in Deutschland nur einem einzigen Tier, so wird 100.000en von Tieren geholfen. Helfen in jedem Ort einige 100 beherzte Menschen Flüchtlingen, so sind 100.000e helfende Beine und Köpfe in Deutschland aktiv. Und sorgen in jedem Ort nur 100 Menschen für eine Baumspende irgendwo auf dieser Welt, so sind das 100.000e neue Bäume für Klima, Tiere und viele andere Lebensformen.

Es ist eben nicht wenig, was jeder einzelne tun kann. Es ist ein Teil von etwas ganz Großem. Wir alle können so viel tun. Und das, ohne riesigen Aufwand.

Es gibt fantastische Projekte, die Gutes bewirken. Ich denke da an „Viva con Agua"[35]. Eine tolle Initiative, die unter anderem vom FC St. Pauli getragen wird. Diese Initiative unterstützt Trinkwasserprojekte weltweit. Oder ich denke an die zahlreichen Tafel-Projekte, die dafür sorgen, dass Erwachsene und Kinder in Deutschland nicht hungern müssen. Pädagogen aus Kitas und Schulen berichten, dass täglich Kinder hungrig zu ihnen kommen. Statistiken sprechen – allein in Deutschland – von etwa 2 Millionen Kindern, die unterhalb der Armutsgrenze leben. Das heißt: 2 Millionen Kinder in Deutschland sind stigmatisiert und von Hunger bedroht!

Was ich mir wünsche? Dass jeder von uns mit einer Tat und/oder einer Spende Projekte, Menschen, Natur und Tierschutz unterstützt. Doch häufig kommt an dieser Stelle das Argument „Zeit". Dabei können Sie schon mit Ihrer Stromrechnung ein Regenwaldprojekt unterstützen. Mit einer einzigen Entscheidung. Beispielsweise für einen unabhängigen Öko-Energieversorger wie LichtBlick[36]. Denn dieser unterstützt mit seinem Umsatz ein Regenwaldprojekt. Und: Die Strompreise sind in der Regel in etwa so hoch wie die der örtlichen Anbieter. Darüber hinaus produziert LichtBlick seinen Strom „natürlich" nur aus Sonne, Wind, Wasser und Biomasse. Nicht dass Sie jetzt denken, ich bekomme Geld von LichtBlick und werbe hier. Nein! Ich bin von diesem

---

[35] www.vivaconagua.org Stand 25.03.2016
[36] www.lichtblick.de Stand 25.03.2016

wie auch von anderen sinn-vollen Projekten einfach überzeugt.

Liebe Leser, schieben Sie es bitte nicht auf: Tun Sie etwas! Zeigen Sie Mitgefühl für Menschen, Tiere und unsere Umwelt. Werden Sie aktiv und handeln Sie. Seien Sie einer von hunderttausenden Aktivisten, der sich in vielen Projekten für diese eine – unsere Welt – und ihre Bewohner engagiert. Wenn Sie mögen, finden Sie eine inspirierende Liste sowie weiterführende Links im Anhang dieses Buchs.

SCHON GEWUSST?

Dass die Vordertiefstellung nach neueren Erkenntnissen zwei Bedeutungen hat?

Geht ein Hund vor einem Hund in die Vordertiefstellung, so ist das eine Absprache zu einem fairen Verhalten. Soweit ist das bekannt und nicht neu. (Lesen Sie dazu auch das Kapitel „Faires Miteinander".) Geht ein Hund aber vor einem Menschen in die Vordertiefstellung, handelt es sich um ein beschwichtigendes Verhalten. In diesem Fall teilt der Hund dem Menschen mit, dass er keinen Ärger haben will. Er demonstriert Freundlichkeit und möchte damit auch erreichen, dass Hund und Mensch wertschätzend miteinander umgehen.

Dass das Hochspringen eines Hundes an den Mund seines Menschen eine freundliche Begrüßung ist?

Der sogenannte Mundwinkel-Stupser kommt ursprünglich aus der Welt der Urahnen unserer Hunde, den Wölfen. Junge Wölfe, die noch gesäugt werden, stupsen in der Zeit des Nahrungsübergangs von der Muttermilch zur festen Nahrung ihre Mutter im Bereich des Mundwinkels und der Nase an. Dies führt dazu, dass die Mutter-Fähe Vorverdautes hochwürgt und den Jungwölfen als Nahrung überlässt. Auch dieses Verhalten haben unsere Hunde von ihren Urahnen übernommen und verändert. Wenn Ihr Hund das nächste Mal zum Mundwinkel-Stupser bei Ihnen zur Begrüßung ansetzt, gehen Sie doch mal runter zu Ihrem Liebling und gönnen ihm das zarte Stupsen und Riechen an Ihrem Gesicht.

Dass Hunde eben nicht nur im Hier und Jetzt leben?

Hunde können sehr wohl Erfahrungen und Erlerntes aus der Vergangenheit für die Gegenwart und die Zukunft nutzen. So legen sie zum Beispiel über die Bereiche, in denen sie sich häufig bewegen, eine Karte in ihrem Kopf an. Solch eine kombinierte Landschafts- und Straßenkarte muss man sich als 3D-Karte vorstellen. Mit dieser aus Erfahrungen entwickelten Karte können Hunde nun zu jeder Zeit aus einem bekannten Gebiet alleine nach Hause finden. Auch können Hunde strategisch in die Zukunft planen. Dafür braucht es natürlich positive und negative Erfahrungen aus der Vergangenheit. *Hunde leben also nicht im Hier und Jetzt, aber sie handeln im Hier und Jetzt.* Wenn also das wilde Spiel mit dem besten Hunde-Kumpel läuft, dann konzentriert sich im Hund auch alles auf das Spiel. Und erst durch einen inneren oder äußeren Reiz kann sich an diesem Handeln im Hier und Jetzt etwas ändern. Zum Beispiel, wenn einer der beiden Hunde müde wird und das Spiel beendet. Oder es nähert sich etwas Attraktiveres – etwa ein Kaninchen. Jagd-Hund-Leitmenschen wissen, was ich meine.

Dass Hunde beim Spielen die Rollen tauschen?

Das Spiel von Hunden sorgt neben Spaß, Fitness und sozialen Kontakten in erster Linie dafür, sich für das wahre Leben zu schulen. Darum kommt es auch immer wieder dazu, dass Hunde im Spiel die Rollen tauschen. Spielt zum Beispiel ein älterer Hund mit einem jüngeren Hund, kann man gegebenenfalls beobachten, dass der ältere Hund sich bewusst von dem jüngeren Hund auf den Boden drücken und für kurze Zeit auf den Rücken legen lässt. Somit bekommt der jüngere Hund die Möglichkeit, zu erleben, wie sich ein souveräner, älterer Hund verhält, ohne zu überziehen. Natürlich wird auch der ältere Hund den jüngeren Hund durch auf den Boden drücken in die Situation bringen, zu lernen sich respektvoll gegenüber älteren Hunden zu verhalten.

LESENS- UND ERLEBENSWERT.

Schon lange haben gewiefte Geschäftsleute er-
kannt, dass Haustiere und insbesondere Hunde ein
riesengroßes Verdienstpotential darstellen. Vorsich-
tige Schätzungen sprechen von jährlichen Milliar-
denumsätzen. Es gibt kaum ein Werbeblättchen, auf
dem uns nicht ein Hund oder eine Katze anstrahlt.
Und dabei wollen alle nur das Beste für Ihr Tier.

Ich glaube, vor allen anderen Dingen wollen alle Ihr
Geld.

Meiner Meinung nach ist der Hundebücher-Markt
durchzogen mit Büchern, die kein Mensch und
schon gar kein Hund braucht. Was ich mir wünsche? Dass sich „Hunde-Experten" ein ganzes
Stück weniger wichtig nehmen und in ihren Büchern
zu lesen ist, dass ihre Tipps und Tricks nicht bei
jedem Hund wirken müssen. Und vor allen Dingen
erwarte ich, dass sie sich klar und deutlich von
Reizstrom, Stachel- und Würge-Halsbändern sowie
vom Medikamenteneinsatz zu Ausbildungszwecken
und allen anderen Formen der Gewalt explizit distanzieren (Lesen Sie dazu auch das Kapitel „Gewalt").

Natürlich gibt es viele gute Bücher zum Thema
Hund. Meine Favoriten sind Bücher von Autoren,
die als Forscher und/oder Wissenschaftler dem
Thema Hund und nicht selten auch dem Thema
Wolf auf den Grund gegangen sind. Diese Bücher
sind allgemein verständlich geschrieben und müs-

sen aus meiner Sicht von Hundemenschen gelesen werden. Dabei ist ein Kauf dieser Bücher nicht notwendig. Jede Stadt hat eine Leihbücherei und die meisten Bücher werden dort gerne für kleines Geld ausgeliehen.

Hier nun meine ganz persönliche Hitliste. Mein Tipp: Glotze aus und abtauchen in das Reich der Hunde, Wölfe, Katzen und Bäume ...

Fachbücher:

„*Wölfisch für Hundehalter*", Autoren: Günther Bloch und Elli H. Radinger

„Das *Gefühlsleben der Tiere*", Autor: Marc Bekoff

„*Was denkt der Hund*", Autorin: Alexandra Horowitz

„*Forschung trifft Hund*", Autoren: Udo Gansloßer und Kate Kitchenham

„*Die Pizza-Hunde", als Buch und DVD*, Autor: Günther Bloch

„*Kastration und Verhalten beim Hund*", Autorin: Sophie Strodtbak und Udo Gansloßer

„*Wenn Du mich ZÄHMST*", Autorin: Leslie Irvine

„*Hunde impfen – der kritische Ratgeber*", Autorin: Monika Peichl

Romane:

„*Ein Sommer mit Wölfen*", Autor: Farley Mowat

„*Hundeherz*", Autorin: Kestin Ekman

„*Im Kreis des Wolfs*", Autorin Nicholas Evans

„*Bob der Streuner*. Die Katze, die mein Leben veränderte", Autor: James Bowen

„*Ein Freund namens Henry*", Autor: Nuala Gardner

„*Dass mir der Hund das Liebste ist. Ein literarischer Spaziergang*", zusammengestellt von Hans-Jürgen Balmes

Und da Tierrechte und Umweltschutz zusammengehören, noch ein sehr schönes Buch über eine mutige junge Baumschützerin: „*Die Botschaft der Baumfrau*" von Julia Butterfly Hill.

Webseiten & Blogs

www.albert-schweitzer-stiftung.de | Tierrechte & Tierschutz

www.ariwa.org | Tierrechte & Tierschutz

www.bund.net | Bund für Umwelt und Naturschutz Deutschland e.V.

www.denia-dogs.de | Tierschutzverein

www.hunde-aus-mallorca.de | Tierschutzverein

www.mensch-hund-und.de

www.peta.de | Tierrechtsorganisation

www.sea-shepherd.de | internationale Meeres-schutzorganisation

www.tasso.net | Tierschutzverein & Haustierregister, europaweit

www.ti-koeln.de | Tierrechtsinitiative Köln

www.veggi.es | veganer Foodblog

Filme

Food Inc

Los Veganeros

Schöne Zeit

Bunte Burger Gourmet Food, Köln
www.bunteburger.de

Café Fatsch, Köln
www.cafe-fatsch.de

Café Hibiskus, Köln
www.cafehibiskus.de

Mae's Café & Restaurant, Bonn
www.maesrestaurant.de

Mei Wok kreativ & asiatisch, Köln
www.facebook.com/meiwok

Trash Chic Kneipe & Essen, Köln
www.trash-chic.com

Ernährung & veganes Kochen

„Anständig essen. Ein Selbstversuch.", Autorin: Karen Duve

„Eating animals.", Autor: Jonathan Safran Foer

„Food Revolution.", Autor: John Robbins

„Meine Rezepte für eine bessere Welt.", Autorin: Alicia Silverstone

„Sophias vegane Welt.", Autorin: Sophia Hoffmann

„Vegan for fit.", Autor: Attila Hildmann

AUSKLANG.

Liebe Leser,

vielen Dank, dass Sie mit uns durch die Welt der Hunde gegangen sind – und auch noch ein Stückchen weiter ... Gerne würden wir mit Ihnen diesen Weg gemeinsam weitergehen.

In unserem Blog **www.mensch-hund-und.de**, der im Juni 2016 an den Start gehen wird, werden wir interessante Themen und Anekdoten rund um die Welt der Hunde beschreiben. Darüber hinaus möchten wir zu vielen anderen Themen informieren und inspirieren. Auch unsere nächsten Buchprojekte werden wir hier ankündigen.

Wir wünschen Ihnen und Ihren Lieben eine glückliche Zeit.
Robert & Christine

QUELLENVERZEICHNIS

BLOCH, Günther: *Der Wolf im Hundepelz. Hundeerziehung aus unterschiedlichen Perspektiven.* Aufl. 1, Franckh Kosmos Verlag, 2004.

BLOCH, Günther: *Die Pizzahunde.* Aufl. 1, Frankh Kosmos Verlag, 2007.

BOSCH, Jana: *Trainingstipp Generalisierung.* URL http://blog.assistenzhunde-zentrum.de/?p=141 Stand: 22.10.2015.

BUBLAK, Angelika Bernadette: Ausdrucksverhalten von Hunden (Canis familiaris) gegenüber dem Menschen in einem Verhaltenstest und Beschwichtigungssignale in der Mensch-Hund-Kommunikation, unv. Diss., Ludwig-Maximilians-Universität München 2013.

FEDDERSEN-PETERSEN, Dr. Dorit Urd: *Hundepsychologie – Sozialverhalten und Wesen, Emotionen und Individualität.* Aufl. 1, Frankh Kosmos Verlag, 2013.

GANSLOßER, Dr. Udo: *Kastration und Verhalten beim Hund.* Aufl. 2, Müller Rüschlikon Verlag.

HOROWITZ, Alexandra und WISSMANN, Jorunn: *Was denkt der Hund? Wie er die Welt wahrnimmt – und uns.* Spektrum Akademischer Verlag, 2010.

LARSON, Greger et al.: *Rethinking dog domestication by integrating genetics genetics, archeology, and biogeography.* In: PNAS, Bd. 109, 2012, DOI: 10.1073/pnas.1203005109.

MATTHEWS, Nadin: *Auf der Jagd nach dem großen Gefühl. Unerwünschtes Jagdverhalten.* URL http://dogument.de/downloads/dogument_Auf_der_ Jagd.pdf Stand: 22.10.2015.

NIEPEL, Dr. Gabriele: *Kastration beim Hund.* Aufl. 1, Franckh Kosmos Verlag, 2007.

ULLRICH, Ariane und GRÖNING, Pia: *Antijagdtraining. Wie man Hunde vom Jagen abhält..* Aufl. 10, MenschHund Verlag, 2015.

www.gelabelt.de, Stand: 03.04.2016

www.gesetze-im-internet.de/tierschg, Stand: 30.10.2015.

www.kunstpelz-ist-echt.de, Stand 03.04.2016

www.lichtblick.de, Stand: 25.03.2016.

www.pro-igel.de, Stand: 30.10.2015.

www.rudelstellungen-klargestellt.de, Interview mit Günther Bloch, Stand: 29.10.2015.

www.tierheilpraktiker.net/hundetrainer, Stand: 29.10.2015.

FÜR IHRE NOTIZEN

FÜR IHRE NOTIZEN

Zeitfracht Medien GmbH
Ferdinand-Jühlke-Straße 7
99095 Erfurt, Deutschland
produktsicherheit@kolibri360.de